教育部人文社会科学研究规划基金项目
（项目批准号：19YJA790114）结项成果

"一带一路"会计监管合作研究

张金若　陈秋碧　著

科学出版社
北　京

内 容 简 介

本书围绕"一带一路"共建国家的会计监管合作开展研究，促进相关国家的会计信息成为相互沟通和相互认可的商业语言，实现"五通发展"。本书在回顾和评论国际会计/审计监管合作机制的基础上，主要考察了"一带一路"共建国家会计监管和资本市场的具体情况及差异，实证检验了这些国家会计信息可比性和盈余质量，并与我国进行了比较，据此提出我国应采用相应会计监管合作策略，与各国携手谱写共赢发展新篇章。

本书主要适用于高等院校会计、金融方向的教师、硕博士研究生，也适用于学有余力、有学术研究潜力的高年级本科生，还可以作为会计监管工作或与"一带一路"会计工作相关人士的参考资料。

图书在版编目(CIP)数据

"一带一路"会计监管合作研究 / 张金若，陈秋碧著. --北京：科学出版社，2024.8. --ISBN 978-7-03-078851-1

Ⅰ.F232

中国国家版本馆 CIP 数据核字第 2024RR0578 号

责任编辑：王丹妮 ／ 责任校对：贾娜娜
责任印制：赵 博 ／ 封面设计：有道设计

科学出版社 出版
北京东黄城根北街 16 号
邮政编码：100717
http://www.sciencep.com
北京天宇星印刷厂印刷
科学出版社发行 各地新华书店经销
*
2024 年 8 月第 一 版 开本：720×1000 1/16
2025 年 1 月第二次印刷 印张：9 1/4
字数：186 000
定价：108.00 元
（如有印装质量问题，我社负责调换）

作者简介

张金若，1980年生，管理学博士（会计学）、教授、博士生导师，重庆大学经济与工商管理学院会计学系主任，财政部全国会计领军人才培养工程学术类七期成员，重庆英才·名家名师（金融与会计领域—会计类），重庆市财政局首批会计咨询专家、重庆市九龙坡区人民代表大会常务委员会智库专家（优秀智库专家）。1998～2008年就读于厦门大学会计学系，先后取得会计学学士、硕士和博士学位，师从著名会计学家葛家澍教授。2008年上半年赴香港浸会大学会计与法律系交流学习；2008年下半年至今于重庆大学经济与工商管理学院工作；2010年晋升副教授；2014年晋升教授。

主要致力于财务会计理论与会计准则的教学与研究工作，主持国家社会科学基金（2项）、教育部人文社会科学基金（2项）、高等学校博士点基金等多项国家级和省部级课题，参与国家社会科学基金、国家自然科学基金、省部级基金等多项课题，先后在《会计研究》《财政研究》《经济管理》《经济科学》《当代财经》《证券市场导报》《中南财经政法大学学报》《当代会计评论》等期刊发表论文50余篇，在科学出版社等独立出版学术专著3部，1部专著获得重庆市社会科学优秀成果奖三等奖（独立获奖）。主编和参编多部教材，第一作者编写全国会计专业学位研究生教育指导委员会和全国金融专业学位研究生教育指导委员会优秀教学案例4篇，牵头申报的"中级财务会计"获得国家本科一流课程和重庆市本科一流课程，牵头获得重庆市课程思政论文二等奖1篇，第三成员参与申报的"基础会计"获得重庆市本科一流课程。

陈秋碧，女，现为重庆财经学院会计学院教师，2021年6月毕业于重庆大学经济与工商管理学院会计学系，获得管理学（会计学）硕士学位。

前 言

自 2013 年习近平总书记提出共建"丝绸之路经济带"[①]和"21 世纪海上丝绸之路"[②]（即"一带一路"倡议）以来，我国"一带一路"朋友圈不断扩大、蓬勃发展。2017 年 5 月 15 日，参加"一带一路"国际合作高峰论坛圆桌峰会的各国政要和主要国际组织在北京联合发布了《"一带一路"国际合作高峰论坛圆桌峰会联合公报》，提出要促进金融市场相互开放和互联互通、发展本币债券和股票市场、推动中小微企业深入融入全球价值链[③]。对于会计而言，要实现"一带一路"倡议所倡导的"政策沟通、设施联通、贸易畅通、资金融通、民心相通"（以下简称"五通发展"），促进相关国家间资本市场的国际合作，就需要促进活跃于这些市场的上市公司、大中型企业、中小微企业的会计信息成为可以相互沟通和相互认同的国际商业语言。尽管"一带一路"共建国家大部分采用了国际财务报告准则（International Financial Reporting Standards，IFRS）或与 IFRS 趋同的准则，只有少部分国家未执行 IFRS，但相关国家既包括了发达经济体，也包括了新兴经济体和发展中国家，经济社会发展水平、资本市场和法律环境等存在明显差异，会计信息质量仍然存在明显差异。因此，为了帮助"一带一路"共建国家的会计信息能够成为相互沟通和相互认可的商业语言，促进相关国家真正实现"五通发展"，探讨建立一个什么样的会计监管合作机制就显得十分必要。为此，受 2019 年度教育部人文社会科学研究规划基金项目"'一带一路'会计监管合作研究"（项目批准号：19YJA790114）的资助，本书围绕"一带一路"会计监管合作展开研究。

本书一共包含八个章节。第 1 章为绪论，主要介绍本书研究背景及研究意义，并对国内外研究状况进行简要描述，在此基础上提出本书的研究内容与研究方法。第 2 章简要回顾了"一带一路"倡议的提出，并对其发展状况进行了描述。第 3

[①]《梦想，从历史深处走来——记习近平主席访问中亚四国和共建"丝绸之路经济带"》，http://theory.people.com.cn/n/2013/0913/c49150-22908144.html[2013-09-13]。

[②]《习近平：中国愿同东盟国家共建 21 世纪"海上丝绸之路"》，https://www.yidaiyilu.gov.cn/xwzx/xgcdt/2037.htm[2013-10-03]。

[③]《"一带一路"国际合作高峰论坛圆桌峰会联合公报》，http://politics.people.com.cn/n1/2017/0516/c1001-29277357.html[2017-05-16]。

章是他山之石，主要回顾与评论国际会计/审计监管合作范式，希望对"一带一路"会计监管合作有所启发。第3章介绍的国际会计/审计监管合作机制主要包括"G4+1"会计合作机制、欧洲经济共同体会计协调机制、中国会计准则国际互认机制，并介绍了中日韩三国会计准则制定机构、亚洲-大洋洲会计准则制定机构组（Asian-Oceanian Standard-Setters Group，AOSSG）。后续章节开始转入对"一带一路"共建国家会计监管机制的研究，第4章对"一带一路"共建国家会计监管状况及差异进行分析，介绍了这些国家的国际会计准则趋同总体状况、各个国家的会计监管具体情况和资本市场发展具体情况，通过对这些情况的介绍，可以发现它们的经济社会发展水平、制度环境差异及会计监管之间的差异。第5章则通过大量的文献，分析"一带一路"共建国家执行IFRS的质量和经济后果，主要分为发达经济体和新兴经济体进行描述。第6章和第7章则通过大样本的实证研究，对"一带一路"共建国家在执行IFRS过程中的会计信息可比性和盈余质量进行实证检验，同时，将这些国家的会计信息与我国会计信息的可比性和盈余质量进行比较。这两章选择可比性和盈余质量进行研究，主要是因为它们是本书考察会计监管合作机制的关键所在，可比性主要用于度量这些国家会计信息与我国会计信息的可比性，可比性越高，会计信息才越可能成为"五通发展"的商业语言；盈余质量则有助于研究相关国家会计信息质量与我国会计信息质量的差异。在这两章的研究中，我们特别注意发达经济体和新兴经济体与我国的比较研究，也注意区分不同会计师事务所审计所带来的差异影响。在研究了相关国家的会计信息可比性和盈余质量后，本书第8章提出了研究结论，并对会计监管合作机制进行探讨。通过研究，我们有以下几方面的建议：对于"一带一路"共建国家中的发达经济体，其已经完全执行IFRS，并且其会计信息国际可比性和盈余质量都高于我国，如果未来这些国家的公司在相关"一带一路"共建国家上市，那么可以考虑直接同意其采用本国财务报表，相应的国家可以认同其报表的质量；对非发达国家样本的回归结果同样表明，完全执行或全面趋同IFRS的国家的会计信息国际可比性和盈余质量都比未完全执行IFRS的国家的上市公司更好，并且由四大会计师事务所审计的上市公司的会计信息质量比非四大会计师事务所审计的上市公司更好，但这些国家的会计信息质量可能较低，应该采取更为谨慎的会计监管合作策略。

目 录

第1章 绪论 ·········· 1
　1.1 本书研究背景及研究意义 ·········· 1
　1.2 国内外研究状况简述 ·········· 5
　1.3 本书研究内容与研究方法 ·········· 7

第2章 "一带一路"倡议提出及发展状况 ·········· 11
　2.1 "一带一路"倡议的提出及内涵 ·········· 11
　2.2 "一带一路"发展状况 ·········· 13

第3章 国际会计/审计监管合作范式回顾与评论 ·········· 16
　3.1 "G4+1"会计合作机制 ·········· 16
　3.2 欧洲经济共同体会计协调机制 ·········· 18
　3.3 中国会计准则国际互认机制 ·········· 23
　3.4 中日韩三国会计准则制定机构、亚洲-大洋洲会计准则制定机构组 ·········· 24

第4章 "一带一路"共建国家会计监管状况及差异分析 ·········· 26
　4.1 "一带一路"共建国家会计准则国际趋同总体状况 ·········· 26
　4.2 代表性"一带一路"共建国家会计监管具体情况 ·········· 32
　4.3 代表性"一带一路"共建国家资本市场发展情况 ·········· 43

第5章 "一带一路"共建国家会计准则国际趋同质量分析 ·········· 62
　5.1 会计准则国际趋同执行效果总体情况 ·········· 62
　5.2 "一带一路"共建国家之发达经济体执行 IFRS 的情况 ·········· 63
　5.3 "一带一路"共建国家之新兴经济体执行 IFRS 的情况 ·········· 69

第6章 "一带一路"共建国家会计信息可比性的比较研究 ·········· 75
　6.1 会计信息可比性的文献综述 ·········· 75

6.2 理论分析和研究假设 ·· 78
6.3 数据来源、变量设计及实证检验 ································· 80
6.4 进一步研究 ··· 88
6.5 稳健性检验 ··· 94

第 7 章 "一带一路"共建国家盈余质量的比较分析 ················ 98
7.1 盈余管理的文献综述 ··· 98
7.2 理论分析与研究假设 ··· 103
7.3 样本选择、数据来源和模型设计 ································· 106
7.4 实证结果 ··· 109
7.5 进一步研究 ··· 113
7.6 稳健性检验 ··· 118

第 8 章 会计信息质量比较研究结论及其对会计监管的启示 ········ 123
8.1 "一带一路"共建国家会计信息质量比较研究结论 ········· 123
8.2 "一带一路"共建国家会计监管启示政策 ······················ 124
8.3 研究的局限性与展望 ··· 127

参考文献 ·· 128

第 1 章

绪　　论

1.1　本书研究背景及研究意义

1.1.1　本书研究背景

会计监管合作是"一带一路"实现"五通发展"的必然要求。

党的十九大报告提出："积极促进'一带一路'国际合作，努力实现政策沟通、设施联通、贸易畅通、资金融通、民心相通，打造国际合作新平台，增添共同发展新动力"[①]。2017 年 5 月 15 日，参加"一带一路"国际合作高峰论坛圆桌峰会的各国政要和主要国际组织在北京联合发布了《"一带一路"国际合作高峰论坛圆桌峰会联合公报》[②]，提出要促进金融市场相互开放和互联互通、发展本币债券和股票市场、推动中小微企业深入融入全球价值链[③]。要实现"一带一路"倡议所倡导的"五通发展"，促进相关国家间资本市场的国际合作，就需要促进活跃于这些市场的上市公司、大中型企业、中小微企业的会计信息成为可以相互沟通和相互认同的国际商业语言。为此，2019 年 4 月 25 日，中国与新西兰、俄罗斯、巴基斯坦、沙特阿拉伯、蒙古国、越南、老挝、尼泊尔和叙利亚等 9 个国家共同发布了《"一带一路"国家关于加强会计准则合作的倡议》[④]，加强"一带一路"共建国家会计准则交流合作。2019 年 6 月 17 日，沪伦通模式正式启动，中国的证券可以在伦敦发行，符合伦敦证券交易所规定的上市公司也可以在上海证券交易所发行证券，实现两地资本市场互联互通。这为"一带一路"倡议下实现金融互通提供了很好的借鉴。李文和周尚仔（2020）对"重塑新格局，助力'双循环'——

---

① 《习近平：决胜全面建成小康社会　夺取新时代中国特色社会主义伟大胜利——在中国共产党第十九次全国代表大会上的报告》，http://www.gov.cn/zhuanti/2017-10/27/content_5234876.htm [2022-08-01]。

② 《"一带一路"国际合作高峰论坛举行圆桌峰会》，http://www.scio.gov.cn/ztk/dtzt/36048/36560/36563/Document/1552225/1552225.htm[2022-08-01]。

③ 《"一带一路"国际合作高峰论坛圆桌峰会联合公报》，http://politics.people.com.cn/n1/2017/0516/c1001-29277357.html[2017-05-16]。

④ 《"一带一路"国家关于加强会计准则合作的倡议》，https://www.yidaiyilu.gov.cn/wcm.files/upload/CMSydylgw/201904/201904290518054.pdf[2022-08-01]。

中国资本市场30周年证券业论坛"进行了报道，此次论坛中提到，虽然我国资本市场已经成为全球第二大资本市场，但是至今没有诞生具有国际影响力的航母级券商，这显然与我国资本市场地位不相匹配。因此，需要对我国的优质券商进行资源整合，提升国际资本市场定价权。2021年3月5日，《上海证券报》报道了全国政协十三届四次会议的情况，其中提到要加快促进我国交易所债券市场开放的步伐，我国交易所市场在境外的开放程度较银行间市场低，不利于推进人民币国际进程，也难以提升我国的金融服务体系。由此可以看出，我国正在积极推动我国资本市场国际化，但这个过程不是一蹴而就的，需要多方通力合作，分阶段、分区域慢慢实现，并且必须以会计信息作为上市公司到他国进行上市的沟通基础。

为此，要构建好这座"桥梁"，必须依靠"一带一路"共建国家的会计准则制定机构和审计监管机构的通力合作，在考虑到各国经济发展水平、政策制度背景和文化类型等不同的基础上，探讨该如何构建一个促进相关国家的会计准则趋同和审计监管的合作机制，以力求为实现"一带一路"倡议顺利推进奠定会计信息基础。

2001年以来，在国际会计准则理事会（International Accounting Standards Board，IASB）的推动下，世界上越来越多的国家陆续放弃自己的公认会计准则，转而采用IFRS，即使是坚持自己制定会计准则的国家，也不同程度地采用了IFRS。因此，可以说，会计准则的国际趋同已经取得了很大进展，IFRS正越来越接近成为一套全球公认的高质量财务报告准则。从IFRS官网公布的数据来看，截至2022年7月，全球已经有167个国家或地区（包含G20，即二十国集团）采用了IFRS（表1.1）。在167个国家或地区中，已经有159个国家或地区做出了公开承诺，支持构建一套高质量的全球会计准则。

表1.1 全球采用IFRS的情况

分布	国家或地区数量/个	占比
欧洲	44	26%
非洲	38	23%
中东	13	8%
亚洲和大洋洲	35	21%
美洲	37	22%
合计	167	100%

资料来源：https://www.ifrs.org/

"一带一路"会计监管合作的核心是会计准则监管合作与审计监管合作，会计准则监管合作更是重中之重。具体而言，促进金融市场相互开放和互联互通、发展本币债券和股票市场，就需要促进活跃于这些市场的上市公司、大中型企业、中小微企业的会计信息成为可以相互沟通和相互认同的国际商业语言。特别地，如果"一带一路"共建国家中的某个国家要到另一国家发行债券或发行股票进行融资，其提供的会计信息需要依据哪种会计准则呢？"一带一路"共建国家发达程度不一，发达国家居少数且大部分是欧洲国家，新兴经济体和发展中国家居大多数，有的国家本身国内的证券市场都不完善，甚至都没有资本市场，执行 IFRS 的能力也很有限，而且其执行 IFRS 的质量尚不清楚。

IFRS 的支持者认为，世界上不同国家的上市公司都必须采用一套统一的高质量的财务报告准则，以产生可比的高质量会计信息，促进资本市场更好地运作，提高资金配置效率。与此相对应地，确实也已经有相当多高质量的研究成果发现，采用 IFRS 可以显著提高财务报表的跨国界可比性，提高会计信息的质量，提升财务报告的透明度，促进投资增长和资本成本降低，有效改善信息环境，减少信息不对称（Ball，2006；Barth et al.，2008；DeFond et al.，2011；Horton et al.，2013）。然而，接受一种新的会计模式也有挑战，在这个过程中，不可避免地会遇到一些与本国国情固有问题不相匹配而产生的冲突，导致新会计模式"水土不服"。强制采用 IFRS 对会计质量的影响在很大程度上取决于 IFRS 的质量是高于还是低于国内公认的会计准则，以及它们如何影响执行机制的有效性（Ahmed et al.，2013）。目前关于采用 IFRS 是否提高了会计信息质量的研究也存在很多争论，尚不能完全肯定采用 IFRS 将带来积极的经济影响，尤其是对新兴经济体、发展中国家。但广泛的共识认为，在可预见的未来，随着市场和政治的全球化，通信和信息处理成本降低，财务报告准则一体化的实现不可避免，全球使用一套公认的高质量的财务报告准则是必然的趋势。

因此，本书以"一带一路"共建国家是否完全执行或全面趋同 IFRS 为切入点，通过相关国家的跨国样本进行实证研究，探讨"一带一路"共建国家会计信息质量的差异和好坏，这对相关国家实现资本市场相互融通和构建会计监管合作机制具有重要意义，可以为"一带一路"会计监管合作提供学术界的证据。目前，学术界关于会计信息质量的研究主要集中于会计信息可比性及盈余质量，并且一致认为 IFRS 对两者会产生影响，但对于这种影响是正向的还是反向的，学术界暂无定论，再加上目前研究执行 IFRS 与会计信息质量之间关系的跨国样本研究大都基于发达国家，而"一带一路"共建国家大部分与发达国家存在差距，有的差距还很大，因此现有的研究结果可能不适合推广到所有的相关国家，研究结果可能主要受到研究样本所在国家的经济发展、资本市场成熟度、会计师事务所等中介机构服务质量和法律监管制度健全程度等影响而有所差异。因此本书顺应这一思路，结合"一带一路"的大背景，来初步探讨 IFRS 对"一带一路"共建国家会计信息可比性和盈余质量的影响及经济体之间的差异，为"一带一路"共建国家会计监管合作提供经验证据和政策建议。

1.1.2 本书研究意义

本书主要是从"一带一路"共建国家是否完全执行 IFRS 对会计信息质量的影响，比较相关国家的会计信息质量差异，从而为"一带一路"共建国家到中国发行债券或发行股票等证券产品进行融资所需要遵循何种会计准则提供实证证据。如果某国在执行 IFRS 后同行业公司的会计信息可比性比我国公司的会计信息可比性高，或者盈余质量更好，那么可以说明该国执行 IFRS 的会计信息质量比较好，在我国会计准则实质性向 IFRS 趋同的前提下，该国未来到我国上市可以遵循本国的会计准则，不用按照我国的会计准则重新编制报表，可以为区域会计监管合作提供政策参考。

基于此，本书认为研究该问题具有以下重要的应用价值和理论价值。

从应用价值看，诚如周守华和刘国强（2017）指出的，会计学术研究应该践行《会计改革与发展"十三五"规划纲要》精神，会计与治国理政同行，本书所研究的会计监管合作，将助推会计成为"五通发展"过程中各国在债券发行、股票发行等多层次资本市场合作的信息基础，为构建公正、合理、透明的国际经济贸易、投资体系奠定信息基础。"十四五"期间，我国资本市场的国际化进程可能会有所推进，"一带一路"会计监管合作与审计监管合作步伐可能会加快。因此，研究"一带一路"会计监管合作，能够为"一带一路"会计监管合作提供政策支持，为参与"一带一路"的其他实务界人士提供知识储备。同时，通过积极参与、主导双边与多边会计监管合作，有助于提升我国在 IFRS 制定过程中的话语权，这也是财政部会计司于 2021 年 11 月 24 日发布的《会计改革与发展"十四五"规划纲要》非常关心的议题。"十四五"期间，可以预见"一带一路"会计监管合作与审计监管合作的推进步伐将显著加快。《会计改革与发展"十四五"规划纲要》特别指出："积极发展全球会计领域伙伴关系，不断扩大会计国际交流合作范围。持续深化《"一带一路"国家关于加强会计准则合作的倡议》下的会计交流合作，提升'一带一路'国家准则建设和实施能力，定期召开合作论坛会议，相互宣传本国会计准则、法规和监管政策等，共同探索解决会计准则建设实施过程中面临的问题，更好地支持'一带一路'建设，实现互利共赢。充分利用亚洲–大洋洲会计准则制定机构组、世界准则制定机构会议、会计准则制定机构国际论坛、中日韩三国会计准则制定机构、国际会计师联合会、亚太会计师联合会等多边机制，协调立场，发挥参与技术研究、引领议题讨论等作用。继续推进与其他国家或地区会计准则制定机构的多边双边合作交流，争取支持，为我国企业会计准则建设和国际趋同创造有利环境。"[①]

---

① 《会计改革与发展"十四五"规划纲要》，http://www.gov.cn/zhengce/zhengceku/2021-11-30/5654912/files/1c9b024220cc4fc4889f338cb03b3883.pdf[2021-11-24]。

从理论价值看，目前关于"一带一路"共建国家的研究比较缺乏会计类的实证文献，因此，本书的研究有利于弥补这类研究文献，与 IFRS 趋同的现有学术研究成果形成有益的互补。近年来，围绕我国及全球其他国家 IFRS 趋同的学术研究已经非常丰富，但是，区域会计监管合作的研究则相对落后。目前国际上关于区域会计监管合作的机制有 IASB 新兴经济体工作组、中日韩三国会计准则制定机构、亚洲-大洋洲会计准则制定机构组等双边、多边的协作交流机制，其共同目的是推动区域内的会计准则趋同，为彼此创立更有利的资金融通环境。因此，《会计改革与发展"十三五"规划纲要》和《会计改革与发展"十四五"规划纲要》精神都表明要充分利用这些现有的机制，协调彼此的立场，这样有利于推动我国会计准则国际趋同的步伐。显然，积极构建"一带一路"共建国家的区域会计监管合作是必不可少的环节；同时，学术界加强区域会计监管合作学术研究，也能够与 IFRS 趋同学术研究成果形成有益的互补，为探索我国会计准则建设和国际趋同积累理论知识。

1.2 国内外研究状况简述

1.2.1 IASB 的工作不能取代"一带一路"会计监管合作

IASB 旨在制定一套全球趋同的高质量 IFRS，并已经取得了实质性、快速进展。根据 IASB 主页 2022 年 7 月的信息，全球已经有 167 个国家和地区不同程度地实现了与 IFRS 的趋同。根据中国一带一路网数据，截至 2022 年 7 月，"一带一路"共建国家，包括中国在内，共有 150 个国家，这些国家执行 IFRS 情况大致可以划分为以下三种：①多数国家要求（少部分允许）本国上市公司执行 IFRS，但部分国家实际上没有资本市场，部分国家资本市场极其不发达；②部分国家要求本国上市公司执行与 IFRS 趋同的本国会计准则，但趋同程度和执行范围存在明显差异；③部分国家要求本国上市公司执行尚未与 IFRS 趋同的本国会计准则。对中小企业是否执行 IFRS 的中小企业会计准则，这些也具有明显差异。尽管很多国家已经与 IFRS 趋同，但也有许多国家信息不透明，是传统的信息洼地，其平均透明度指数低于全球平均分。

因此，在现阶段，IASB 的 IFRS 趋同工作既不能替代也不能解决我国对研究与实现"一带一路"会计监管合作的迫切需求。IASB 致力于实现 IFRS 全球趋同，但至少仍存在两大问题。第一，IASB 仍然由发达经济体主导，制定的会计准则不一定契合新兴经济体实践。大量研究表明，强制执行 IFRS 的表现及经济后果依赖于执行国家市场发达程度、法律制度、监管力度、审计质量、公司治理等基础性制度。尽管有不少文献发现强制执行 IFRS 显著提高了会计信息质量，并取得了显著的正面的经济后果（如资本成本下降、市场流动性提高、更多的外国投资、会计盈余信息含量提高等），但这些文献发现强制执行 IFRS 的正面经济后果仅存在于执行环境较好的欧美国家（Barth et al.，2008；Armstrong et al.，2010；Li，2010；Landsman et al.，2012；Christensen et al.，2013），能否移植于新兴市场和发展中国家尚存在疑问（Barth et al.，2008；Hail et al.，2010；He et al.，2012；de George et al.，2016）。而东南亚、南亚、中亚、西亚、北非等地区（竺彩华，2017），经济发展水平、政治、法律、文化环境、区域特色等差异明显。因此，"一带一路"共建国家中尽管有不少国家直接采用 IFRS 或与之趋同，但执行质量存在明显差异。第二，IFRS 主要服务于活跃在证券市场的上市公司以及仍未上市的金融机构，强调对估值的作用（Ball et al.，2015），与 IFRS 不同程度趋同的各个国家，也主要是在合并报表层面执行 IFRS，个别报表层面可能继续执行本国和地区准则（包括一些发达经济体）。而根据"一带一路"共建国家与我国在"五通发展"的不同进展，"一带一路"会计监管合作机制的服务范围不局限于上市公司及仍未上市的金融机构，可能涉及双边或多边在合并报表层面（如促进金融市场相互开放和互联互通、发展本币债券和股票市场）、个别报表层面（如大企业发行债券、中小微企业之间的贸易投资往来）的趋同或协调，也可能只是某些具体准则、具体报表项目、具体成本核算办法的趋同或协调。

因此，"一带一路"会计监管合作，并不能简单地以直接采用 IFRS 作为目标。作为"一带一路"的倡议国，我国应该在"一带一路"会计监管合作中发挥主导作用，结合我国与其他"一带一路"共建国家在"五通发展"的不同进展情况，寻求双边或多边的会计监管合作，促使会计信息满足相互沟通、相互认同的商业语言要求，为"五通发展"奠定信息基础。与 IASB 的 IFRS 趋同目标相比，"一带一路"会计监管合作，不应寻求构建一个统一的机制化安排，它应该适应"一带一路"共建国家的经济发展水平、政治法律制度、文化宗教、历史传统的多样性，而且与其开放性特征相匹配。

1.2.2 学术界关于"一带一路"会计监管合作的研究仍然比较缺乏、尚未形成体系

总体上，"一带一路"国际合作的研究刚起步，主要是介绍各国或各地区基本情况，并在此基础上探讨国际合作机制的可行性及路径等。例如，学者从经济外交（李向阳，2015）、金融监管（刘源，2017；齐萌，2015）、不同国家法理体系的冲突（李雪平，2017）、全球化再平衡（竺彩华，2017）、国际公共产品供给（陈明宝和陈平，2015）、对外直接投资风险（孙焱林和覃飞，2018）、全球价值链优化（戴翔和宋婕，2021）、我国企业出口质量（卢盛峰等，2021）、出口贸易和直接投资（方慧和赵甜，2017）、企业产业升级（王桂军和卢潇潇，2019）等诸多领

域展开了研究。但是，会计审计领域研究极其缺乏。只有少数的几篇文章（曾峻和伍中信，2016；商思争和宣昌勇，2017）虽具有开拓性，但并未形成体系。例如，曾峻和伍中信（2016）研究了"一带一路"亚洲地区主要资本市场的市场效率是否受益于会计准则国际趋同；杨宝等（2021）探讨"一带一路"背景下财会人才培养路径优化问题；蒋峻松等（2021）探讨"一带一路"倡议下中国企业会计服务需求；曹越等（2021）研究"一带一路"倡议实施与企业现金持有水平关系；再如，少部分研究如田高良等（2020）进行了"一带一路"共建国家企业会计准则与IFRS、中国企业会计准则的比较研究，做了有益尝试，但并未提供经验证据比较"一带一路"共建国家的会计信息质量。

1.3 本书研究内容与研究方法

1.3.1 本书研究内容

研究对象：本书拟基于我国与"一带一路"共建国家在"五通发展"的不同进展情况及各自会计监管基础的差异，寻求双边或多边的会计监管合作，核心内容是在分析理解"一带一路"共建国家会计准则国际趋同发展情况、会计审计监管及资本市场发展水平基础上，通过大样本的实证研究，分析比较"一带一路"共建国家会计信息在可比性和盈余质量等方面的差异，并在参考会计监管国际合作经验的基础上，探究我国与"一带一路"共建国家的会计准则与审计监管的趋同或协调机制，促使会计信息真正成为双边或多边"五通发展"过程中可以相互沟通与相互认可的商业语言。

主要目标：①提供政策建议。拟通过课题研究，为"一带一路"共建国家会计监管合作提供政策建议，促使会计信息满足相互沟通、相互认同的商业语言要求，为"五通发展"奠定信息基础。它应该是符合"五通发展"需要并适应"一带一路"共建国家的经济发展水平、政治制度、文化宗教、历史传统的多样性，而且与其开放性特征相匹配的会计监管合作，因此，它也应该是立足于各国发展道路和社会制度大背景下的会计监管合作协调机制，它可能涵盖多个双边或多边的不同程度的会计监管合作协调机制。②为参与"一带一路"建设的各国相关经济主体及其他会计信息使用者提供会计知识储备，满足会计信息生成、会计信息使用对相关会计知识的需求。③积累区域会计监管合作研究经验，为会计学术界和监管层后续研究积累素材和经验。

根据研究对象及研究目标，本书拟从以下几个方面开展研究。

第一，基于"五通发展"进展，厘清"一带一路"共建国家会计监管状况差异、成因。

"一带一路"建设需要重点推动"五通发展",由此,必然要求政府主导"构建合作机制",在国家层面进行规划(李向阳,2015)。显然,构建会计监管机制的合作,促使不同地区会计信息具有可沟通性,是保障"五通发展"的必然要求,是降低贸易往来、资本投资壁垒的必然要求,是降低交易成本的必然要求。但是,寻求双边或多边的会计监管合作,必须立足现实与发展诉求、明确合作动力与阻力,为此,必须梳理与研究以下五个方面的问题:①各国或各地区会计监管状况差异。各国或各地区在财务会计审计规则、会计审计行业管理体系等方面可能存在诸多差异,会计准则与 IFRS 的趋同程度和趋同质量、与我国会计准则的可比性程度等也可能具有差异。②各国或地区经济发展、资本市场发展水平、政治法律环境、监管水平、文化传统等现实差异,必将使得会计监管的土壤环境存在显著差异。③各国会计监管土壤环境如何塑造了各国现有的会计审计监管机制,以及对未来会计监管合作可能产生哪些积极和不利影响。④IFRS 国际协调、趋同过程中存在的利益冲突及解决办法,对解决"一带一路"会计监管合作阻力的借鉴意义。⑤各国或地区在"一带一路"建设中的合作主体、合作方式、合作深度等存在差异,对会计监管合作诉求不一。例如,中国与东南亚构建了双边自贸区升级版;中国与南亚地区则不存在自贸区安排,贸易投资的规模也比较小。再如,与贸易往来相比,到他国成立企业、发行股票和债券,对会计监管合作的需求显然更多。因此,不同规模、不同类型的会计主体,对会计监管合作的诉求并不一致。在合作主体方面,有些会计监管合作可能是双边的,有些可能是多边的;在合作内容方面,有些可能涵盖整个会计准则体系及审计准则体系,有些可能仅涉及某些具体准则、报表某些具体项目、某些成本核算方法等。

第二,探究"一带一路"会计监管合作的具体内容。

为了促进会计信息能够成为"五通发展"相互沟通、相互认同的商业语言这一总体目标的实现,应该进一步探讨"一带一路"会计监管合作的具体内容。2017年5月15日,参加"一带一路"国际合作高峰论坛圆桌峰会的各国政要和主要国际组织在北京联合发布的《"一带一路"国际合作高峰论坛圆桌峰会联合公报》,提出了"在公平竞争和尊重市场规律与国际准则基础上,大力促进经济增长、扩大贸易和投资""推进产业合作、科技创新和区域经济一体化,推动中小微企业深入融入全球价值链。同时发挥税收和财政政策作用,将增长和生产性投资作为优先方向"等合作目标,提出了若干合作举措,具体包括:①通过借鉴相关国际标准、必要时统一规则体制和技术标准等手段,实现基础设施规划和建设协同效应最大化;②为私人资本投资基础设施建设培育有利、可预测的环境;③为构建稳定、公平的国际金融体系作贡献;④通过推动支付体系合作和普惠金融等途径,促进金融市场相互开放和互联互通;⑤鼓励金融机构在有关国家和地区设立分支机构;⑥推动签署双边本币结算和合作协议,发展本币债券和股票市场;⑦鼓励通过对话加强金融合作，规避金融风险。①

据此，会计监管合作的具体内容也应该是多样性的，至少需要探讨几个具体层面问题。具体包括：①如何开展会计监管合作才能使报表层面会计信息具备相互沟通、相互认同条件，为促进金融市场相互开放和互联互通、发展本币债券和股票市场等"一带一路"合作举措提供会计信息服务。该部分研究可能主要涉及上市公司与部分大中型非上市公司。②如何开展会计监管合作才能促使报表层面会计信息或局部会计信息（如成本信息）具备相互沟通、相互认同条件，为推动"一带一路"在基础设施建设、扩大贸易和投资、产业合作、中小微企业深入融入全球价值链等方面的合作举措提供会计信息服务。③如何开展会计监管合作才能协调财税政策、金融监管等宏观层面运用的会计信息口径的相互认同，为"一带一路"加强在税收、财政、金融监管等方面的合作提供服务。④如何在双边或多边合作机制中，实现上述三个目标。

第三，探究实现"一带一路"会计监管目标与内容的合作机制。

（1）会计准则制定机构层面的合作机制。对适用于上市公司、大中型非上市企业、中小微企业等不同层面的会计准则的建设，探讨双边或多边合作机制。准则建设的双边或多边合作机制，应该根据相关国家经济活动交往的参与主体、经济活动类型等的差异，进行有针对性的安排，可能涉及双边或多边会计准则体系的趋同或协调，也可能涉及某些具体会计准则、具体报表项目、具体成本核算办法的趋同或协调。

（2）审计监管层面的合作机制。会计准则建设层面的双边或多边合作机制，可以为生成会计信息提供制度规范；同时，会计主体是否按照会计准则要求提供高质量的会计信息，则还必须通过注册会计师的鉴证。因此，实现会计监管目标的合作机制，还必须包括审计监管层面的合作机制。

（3）准则执行协调机制的建立与运行。会计信息生成过程及审计执行过程中，可能会产生一些在准则制定过程中尚未发现的新问题，也可能存在一些尚未涵盖的老问题，因此，在会计监管的双边或多边合作机制中，需要探讨如何建立准则执行协调机制、如何确保协调机制得到有效运作。

（4）民间会计教育、人才培养等方面的合作机制。由于"一带一路"共建国家的经济社会发展水平差异较大，语系也较多，需要通过民间会计教育、人才培养等方面的合作机制，培养会计、审计人才，准确把握相关国家的财经法规，为实现上述三种合作机制提供人才基础。

第四，归纳研究结论，提出"一带一路"会计监管合作路线框架图的政策建议。

---

① 《"一带一路"国际合作高峰论坛圆桌峰会联合公报》，http://politics.people.com.cn/n1/2017/0516/c1001-29277357.html[2017-05-16]。

在总结上述研究内容的基础上，基于降低"一带一路"共建国家合作交易成本的视角，提炼本书的结论，提出"一带一路"会计监管合作路线框架图，为相关政府部门提供切实可行的政策建议。

1.3.2　本书研究方法

本书综合采用归纳研究法、实证研究法等展开研究。具体而言，前五章主要通过文献收集、资料调研与收集等方法，对"一带一路"倡议提出及发展状况、国际会计审计监管合作范式、"一带一路"主要国家会计监管状况及差异、"一带一路"共建国家会计准则国际趋同总体执行情况等进行归纳分析。在此基础上，第6章和第7章采用实证研究方法，利用Worldscope数据库、IFRS和中国一带一路网等官方网站数据来源，获取了"一带一路"共建国家中的18个国家2013~2019年的数据，并且将财务特征的相关数据拓展至2010~2019年，检验和比较这些国家会计信息可比性与盈余质量的差异，重点将其与我国会计信息质量进行比较。进一步，本书将全样本又分为发达国家和非发达国家的样本，非发达国家的样本又分为由四大会计师事务所审计的上市公司和由非四大会计师事务所审计的上市公司，来验证本书的假设。

第 2 章

"一带一路"倡议提出及发展状况

2.1 "一带一路"倡议的提出及内涵

2013 年 9 月 7 日,习近平在哈萨克斯坦首都阿斯塔纳的纳扎尔巴耶夫大学发表了题为"弘扬人民友谊 共创美好未来"的重要演讲,明确提出:"为了使我们欧亚各国经济联系更加紧密、相互合作更加深入、发展空间更加广阔,我们可以用创新的合作模式,共同建设'丝绸之路经济带'"[①]。2013 年 10 月 3 日,习近平在印度尼西亚国会发表主题为"携手建设中国-东盟命运共同体"的重要演讲,明确提出"中国愿同东盟国家加强海上合作,使用好中国政府设立的中国-东盟海上合作基金,发展好海洋合作伙伴关系,共同建设 21 世纪'海上丝绸之路'"[②]。"丝绸之路经济带"和"21 世纪海上丝绸之路"简称为"一带一路"。

纵观国际大势,自 2008 年金融危机以来,在世界经济逐步复苏的同时,也不乏包括发达国家与新兴发展中国家在内的各国经济缺乏动力、增速放缓的现象,甚至存在较多内陆国家尚处于国家待开放时期,仍未介入全球性贸易的局面。因此,世界经济亟须全新的发展构想及经济带动点,以推动欠发达国家更深入地参与到国际经济贸易中,进而促进全世界经济的稳步增长。"一带一路"倡议迎合了世界经济形势,通过完善相关地区基础设施建设,以带动区域间贸易往来,进而促进世界经济发展。由此,"一带一路"这一跨越时空的宏伟构想的提出,是中国主动应对全球形势深刻变化做出的重大倡议决策,是中国向世界提供的国际合作平台和公共产品,是开放包容的经济合作倡议,契合相关国家的共同需求,为这些国家优势互补、开放发展开启了新的机遇之窗。"一带一路"倡议已被写入 2013 年 11 月十八届三中全会通过的《中共中央关于全面深化改革若干重大问题的决定》及 2014 年政府工作报告,这标志着该倡议已成为我国国家级顶层合作倡议。2015 年 3 月,多部委联合发布重要顶层设计文件《推动共建丝绸之路经济带和 21

---

① 《习近平主席在纳扎尔巴耶夫大学的演讲》,http://world.people.com.cn/GB/n1/2017/0308/c411452-29132263.html[2017-03-08]。

② 《习近平主席在印度尼西亚国会的演讲》,http://world.people.com.cn/n1/2017/0308/c411452-29132303.html[2017-03-08]。

世纪海上丝绸之路的愿景与行动》,该文件系统阐释了"一带一路"倡议的共建原则、框架思路、合作重点、合作机制等,通过国家层面的合作推动中国与周边国家加强全方位交流,以实现共同发展、共同繁荣。2016年8月17日,习近平在"一带一路"建设工作座谈会上明确指出"以'一带一路'建设为契机,开展跨国互联互通,提高贸易和投资合作水平,推动国际产能和装备制造合作,本质上是通过提高有效供给来催生新的需求,实现世界经济再平衡"[①]。习近平于2017年5月14日在第一届"一带一路"国际合作高峰论坛开幕式的演讲《携手推进"一带一路"建设》中指出了"古丝绸之路绵亘万里,延续千年,积淀了以和平合作、开放包容、互学互鉴、互利共赢为核心的丝路精神"[②]。习近平在2018年中非合作论坛北京峰会开幕式上的主旨讲话指出,"面对时代命题,中国愿同国际合作伙伴共建'一带一路'。我们要通过这个国际合作新平台,增添共同发展新动力,把'一带一路'建设成为和平之路、繁荣之路、开放之路、绿色之路、创新之路、文明之路""中国愿以打造新时代更加紧密的中非命运共同体为指引,在推进中非'十大合作计划'基础上,同非洲国家密切配合,未来3年和今后一段时间重点实施'八大行动'""一是实施产业促进行动""二是实施设施联通行动""三是实施贸易便利行动""四是实施绿色发展行动""五是实施能力建设行动""六是实施健康卫生行动""七是实施人文交流行动""八是实施和平安全行动"[③]。"一带一路"倡议并不局限于沿线国家,而是开放包容的合作平台,"一带一路"实际参与国家也并不局限于沿线国家。在2018年8月召开的推进"一带一路"建设工作5周年座谈会上,习近平指出,"过去几年共建'一带一路'完成了总体布局,绘就了一幅'大写意',今后要聚焦重点、精雕细琢,共同绘制好精谨细腻的'工笔画'"[④]。2019年4月,在第二届"一带一路"国际合作高峰论坛开幕式上,习近平指出,"共建'一带一路',顺应经济全球化的历史潮流,顺应全球治理体系变革的时代要求,顺应各国人民过上更好日子的强烈愿望。面向未来,我们要聚焦重点、深耕细作,共同绘制精谨细腻的'工笔画',推动共建'一带一路'沿着高质量发展方向不断前进"[⑤]。自此,"一带一路"进入走深走实阶段。2021年11月19日,习近平在

---

① 《全球连线:更多获得感彰显共商共建共享原则——习近平出席推进"一带一路"建设工作座谈会向国际社会传递强烈信号》,http://www.xinhuanet.com/world/2016-08/18/c_1119416148.htm [2016-08-18]。

② 《携手推进"一带一路"建设——在"一带一路"国际合作高峰论坛开幕式上的演讲》,http://world.people.com.cn/n1/2017/0515/c1002-29274975.html [2017-05-15]。

③ 《习近平在2018年中非合作论坛北京峰会开幕式上的主旨讲话》,http://www.xinhuanet.com/world/2018-09/03/c_1123373881.htm [2018-09-03]。

④ 《习近平:推动共建"一带一路"走深走实造福人民》,http://jhsjk.people.cn/article/30254137 [2018-08-27]。

⑤ 《习近平在第二届"一带一路"国际合作高峰论坛开幕式上的主旨演讲》,http://www.xinhuanet.com/politics/leaders/2019-04/26/c_1124420187.htm [2019-04-26]。

第三次"一带一路"建设座谈会上强调,"8年来,在党中央坚强领导下,我们统筹谋划推动高质量发展、构建新发展格局和共建'一带一路',坚持共商共建共享原则,把基础设施'硬联通'作为重要方向,把规则标准'软联通'作为重要支撑,把同共建国家人民'心联通'作为重要基础,推动共建'一带一路'高质量发展,取得实打实、沉甸甸的成就。通过共建'一带一路',提高了国内各区域开放水平,拓展了对外开放领域,推动了制度型开放,构建了广泛的朋友圈,探索了促进共同发展的新路子,实现了同共建国家互利共赢"[①]。由此,"一带一路"倡议已由抽象理念、美好愿景转换为实实在在的现实行动。

2.2 "一带一路"发展状况

"一带一路"倡议提出至今,仅十几年,取得的成绩令世界瞩目,在基础设施建设、民生改善、经贸往来、文化交流等方面全面发展。政策沟通成效显著,国际共识持续扩大。截至2022年3月底,中国已经和149个国家和30多个国际组织签订了200多份共建"一带一路"文件,朋友圈不断地扩大和再升级。

2020年以来,在新冠疫情肆虐全球时,国际形势也日益复杂,在这样的背景之下,中国同"一带一路"共建国家互相帮助,携手共渡难关,持续推动"一带一路"倡议的平稳发展,进一步收获新进展和新成效,这主要体现在以下六个方面。

一是2021年我国对"一带一路"共建国家的非金融直接投资为203亿美元,同比增长14.1%,占对外投资总额的比重达14.8%。"一带一路"共建国家对中国直接投资首次超百亿美元,达到112.5亿美元。从亚洲基础设施投资银行的建设,到后续丝路基金有限责任公司的建立,中国不断拓宽对外投资渠道,加大对外投资力度,在基础设施建设方面的表现尤为明显,一大批"一带一路"共建国家的建设项目在稳步推进,如中缅铁路、中老铁路、中欧班列等基础设施项目取得重大进展。例如,2020年,我国在"一带一路"共建国家承包工程的合同额高达1400多亿美元,完成营业额900多亿美元;2021年,对外承包工程大型项目增多,新签合同额为上亿美元的项目有560个,较上年增加46个,主要集中在交通运输等基础设施领域。此外,政策性金融支持也在持续加强,中国出口信用保险公司增加了对"一带一路"共建国家的出口和投资,截至2018年底,其已经提供了超过6000亿美元的出口和投资资金支持;2019年,为"一带一路"共建国家业务提供956.2亿美元资金承保,同比增长4.5%。国家开发银行和中国进出口银行也提供低成本外汇,支持并鼓励发行专项债券。这些都展现出我国与"一带一路"共建

---

① 《习近平在第三次"一带一路"建设座谈会上强调 以高标准可持续惠民生为目标 继续推动共建"一带一路"高质量发展 韩正主持》,http://www.xinhuanet.com/2021-11/19/c_1128081486.htm [2021-11-19]。

国家间经济贸易合作的广阔空间。另外，经过多年的努力，"一带一路"共建国家对人民币的接纳度和使用率也在不断提高，人民币国际化呈现良性互动发展。

二是我国与"一带一路"共建国家贸易往来不断增长。中国政府已经与多国政府在多边贸易方面缔结了一大批合作项目，进一步加强了"一带一路"建设合作。例如，中国与俄罗斯对接欧亚经济联盟，与东盟对接互联互通，与蒙古国对接"发展之路"等。这些项目让中国与"一带一路"共建国家的贸易往来日益紧密。2013~2021年，我国与"一带一路"共建国家进出口总值从6.46万亿元增长至11.60万亿元，年均增长7.59%。2021年，我国与"一带一路"共建国家贸易额更是达到1.82万亿美元，同比增长23.60%，创有史以来新高。这在全球面临新冠疫情的困难背景下，实在难能可贵，尤其是作为新兴商业模式的跨境电商，为"一带一路"共建国家外贸的创新发展贡献了重要力量，并且帮助外贸企业突破时空限制，开拓国际市场的步伐不受影响。2021年2月9日，习近平在中国-中东欧国家领导人峰会上提出，"我们要深化海关贸易安全和通关便利化合作。中方将推动建设中国-中东欧国家海关信息中心、中欧陆海快线沿线国家通关协调咨询点，愿探索同中东欧国家海关开展'智慧海关、智能边境、智享联通'合作试点"[①]。截至2022年1月，中国海关已培育78个"三智"国际合作项目，其中，多个项目涉及"一带一路"共建国家。2021年，首个海外智慧物流平台——海外仓服务在线正式推出。与此同时，中国与中东欧国家的贸易额首次破千亿美元，经济合作在不断地升级。陆海新通道建设步伐也在逐步加快，2021年，中国与新加坡签署了合作规划，共同举办了2021陆海新通道国际合作论坛。

三是我国与"一带一路"共建国家自贸区建设取得新突破。截至2021年，中国已与13个"一带一路"共建国家签订了7个自由贸易协定，贸易自由化便利化水平不断提高。2020年11月15日，正式签订《区域全面经济伙伴关系协定》（Regional Comprehensive Economic Partnership，RCEP），这是东亚区域一体化的重要成果，既包括货物贸易、服务贸易投资等市场准入，也包括贸易便利化、知识产权、电子商务、政府采购等。为了加快自贸区的建设，持续扩大自由贸易伙伴朋友圈，在RCEP生效实施的基础上，中国于2021年正式提出申请加入《全面与进步跨太平洋伙伴关系协定》（Comprehensive and Progressive Agreement for Trans-Pacific Partnership，CPTPP）和《数字经济伙伴关系协定》（Digital Economy Partnership Agreement，DEPA），力争对标当前国际高标准的自贸协定。中国自贸区已成为有效对接和服务"一带一路"倡议的制度框架，并逐步串联起"一带一路"的主要经济区域、重要港口、航空口岸及铁路、公路、水路等交通枢纽。

四是我国与"一带一路"共建国家的机制平台不断健全。我国积极推动与"一

---

① 《习近平在中国-中东欧国家领导人峰会上的主旨讲话》，http://www.mofcom.gov.cn/article/i/jyjl/m/202102/20210203038603.shtml[2021-02-10]。

带一路"共建国家建立贸易畅通工作组、投资工作组、服务贸易工作组和电子商务合作机制，为投资贸易往来建立保障机制。例如，与俄罗斯、匈牙利等签署关于绿色发展和数字经济领域的投资合作谅解备忘录，与塞内加尔签署电子商务合作谅解备忘录等，也充分利用中国–东盟"10+1"、中阿合作论坛、中亚区域经济合作等多边合作机制，高质量地执行"一带一路"国际合作项目。"一带一路"共建国家之间的沟通渠道更加丰富，合作机制也日益完善。同时，还成功举办了一系列重要展会，如进博会、广交会、中国–东盟博览会等，促进了与相关国家的经济贸易合作。

五是我国与"一带一路"共建国家的多层次基础设施联通进展显著。我国与"一带一路"共建国家形成的以"六廊六路多国多港"为主的基础设施互联互通水平显著提升。通过公路（中蒙俄、中吉乌等）、铁路（中泰铁路、雅万高铁等）、航空运输（"空中丝绸之路"连廊，已与126个国家签署了双边政府间航空运输协定）、港口（瓜达尔港、哈利法港等）、能源资源通信设施（中俄原油管道、中缅油气管道等）等的大力开发建设，逐步构建起全方位、多层次、复合型的基础设施网络，有助于降低"一带一路"共建国家间商品、信息和技术的交易成本。

六是我国与"一带一路"共建国家的人文交流形式更加多元化。截至2021年，中国已在"一带一路"共建国家设立了17个中国文化中心，为文明交融提供平台、开拓渠道，通过举办艺术节、电影节、美食节、文化博览会等文化交流活动，打造"丝路之旅""汉语桥""中非文化聚焦"等中国专属文化品牌。在教育方面，中国已与24个"一带一路"共建国家达成高等教育学历学位互相认定的协议，并鼓励高校在"一带一路"共建国家境外办学。

在"一带一路"倡议稳步推进的过程中，我国会计准则国际趋同也有新的目标。改革开放初期，外商来华投资时看不懂中国的报表，为了吸引外商投资，我国会计规范开始接触国际并逐渐与国际趋同，我国的会计制度和会计准则也相应地进行了一系列的改革。近年来，在"一带一路"政策的加持下，我国的经济、贸易和资本流动的国际化进程加快，对外直接投资、海外工程项目等方面显著增加。而"一带一路"共建国家众多，这些国家经济发展水平不一，会计基础设施的发展程度各异，会计准则也存在显著的差异，甚至有些国家实行的完全是自己的一套制度。在这样的背景下，我国不能仅仅只是停留在对国际会计准则的理解和执行上，而是应该更多地参与到国际会计组织的工作中，推动实现"一带一路"共建国家"五通发展"，尤其是要积极构建"一带一路"会计监管合作机制。

| 第 3 章 |

国际会计/审计监管合作范式回顾与评论

除了 IASB 旨在推动全球采用一套由其制定的高质量的 IFRS 之外，在会计准则发展历史中，国际会计监管合作范式也值得深入分析。以史为鉴，可以为"一带一路"会计监管合作提供借鉴。

3.1 "G4+1" 会计合作机制

"G4+1"是国际会计界对美国、英国、加拿大、澳大利亚这四个国家的会计准则制定机构加上国际会计准则委员会（International Accounting Standards Committee，IASC）的一种统称。

整个 20 世纪，世界工业经济经历了巨大的增长和变化，外商投资空前增长，区域经济集团形成，跨国企业迅速发展，在这样的国际形势下，形成一套综合的方法来管理公共财政和增强财务信息可比性的重要性进一步增强。当不同的国家之间要建立商业关系和进行资本的流动时，能够理解并使用对方的财务信息就显得尤为重要，并且这些财务信息必须是可靠和相关的。而会计作为通用的商业语言，能够为此搭起一座桥梁。在当时，许多会计机构，包括英国、美国、加拿大和澳大利亚的会计机构得出的结论是，大部分会计问题可以在国际层面上得到更好的解决，而不是在国家层面上（Carsberg，1966）。1973 年 6 月，美国、英国、加拿大、澳大利亚、法国、德国、日本、墨西哥、荷兰等的 16 个职业会计师团体在英国伦敦成立了 IASC，承担起协调不同国家之间的会计准则、努力改善财务信息可比性这一艰巨的任务。

G4 的成立源于 1992 年，英国会计准则委员会主席亲赴美国财务会计准则委员会（Financial Accounting Standards Board，FASB）办公室拜会相关人士，另外，还邀请了加拿大会计准则委员会主席一起讨论共同关注的会计问题。三个会计准则制定机构同意就资产减值准备问题展开合作，这标志着 G4 工作组的成立迈出了关键的第一步。同年，在美国主办的全球会计准则制定机构会议中，英国、美国和加拿大的会计准则制定机构邀请其他国家会计准则制定机构加入他们的工作组，荷兰与澳大利亚表示愿意加入（后来，荷兰又放弃了）。至此，美国、英国加拿大和澳大利亚的会计准则制定者于 1992 年在美国财务会计准则委员会办公室举行的首次会议,以及 G4 就未来会计准则制定相关项目达成的合作协议,标志着 G4 会计合作机制的开始。虽然之后新西兰也加入了,但是,因为最早由美国、英国、加拿大和澳大利亚这四个国家的会计准则制定机构所组成,所以一直沿用 G4 的名称。

IASC 自成立至今,经受住了各种考验,为会计国际化做出巨大的贡献,由其编制的国际会计准则已获得大多数国家的认可。学术界普遍认为,自 1973 年成立至 1998 年,IASC 的影响力仍然较弱,主要着手国际会计准则协调,以逐渐提升其国际影响力;1998 年,开始启动核心准则和高质量会计准则改革,并于 2001 年完成改组,由 IASC 改组为 IASB,改组后的 IASB 的独立性显著提升,将目标确定为制定一套全球趋同的国际会计准则,截至 2022 年 7 月,全球已经有 167 个国家和地区不同程度地采用其制定的 IFRS。

其中,1973 年至 1998 年,在 IASC 推进国际会计准则协调阶段的工作中,G4 可以说是当时对推进会计准则国际协调做出贡献最大的组织。在 G4 成立之前,IASC 在推进会计准则国际合作方面的努力成效是很有限的,当时,IASC 一直希望能通过一些专业会计机构直接与相关国家的会计准则制定机构进行联系合作,但是结果并不理想。例如,在 20 世纪 80 年代初,IASC 几乎被加拿大、英国和美国的会计准则制定者为寻找一个共同的外币会计解决方案所摧毁,为此,德国和法国非常不满意,因为他们也为 IASC 投入了大量努力,付出了大量资金,德国和法国在一些会计问题上与美国、加拿大和英国的观点存在明显矛盾。G4 成立后,IASC 深受 G4 的影响。G4 与 IASC 合称"G4+1",每年召开四次会议讨论财务报告的一些关键问题,以解决成员之间会计准则的冲突,确保未来会计准则在 G4 成员之间的协调问题。"G4+1"在其短暂的历史中,对会计准则国际协调工作做出的努力主要包括:①对于未来事项的讨论。建立一个共同的概念基础,"G4+1"的每个成员都认为概念在会计准则的制定中发挥主要作用,因此,研究中涉及的问题都是从概念的基础上来考虑的。②"G4+1"的合作是一个会计标准协调的过程,对多项会计准则进行讨论,并发表其立场文件,为 IASC 制定高质量的国际会计准则提供了概念性的基础,同时也推动了国际会计准则的制定。比如,讨论金融工具的会计处理标准,规定了金融工具在财务报告中的确认、计量和披露,为该准则的发展奠定了基础;讨论现行租赁标准的局限性,并且制定倡导新的方法;为减少成员在资产减值标准方面的差异,讨论并进一步规定了长期资产的可回收金额测试;出版了关于合资企业报告利益的基础——概念、方法和实践问题的刊物;1998 年,在爱丁堡会议上进一步讨论了政府拨款问题;对企业合并和商誉的讨论;等等。总之,"G4+1"组织对国际会计准则协调进程做出了巨大的贡献。③对资本市场参与者来说,单一、高质量的财务报告方法比多种报告方法更有用。因此,"G4+1"组织寻求财务报告的共同解决方案,了解更多关于其他国家制定准则的时间和方法,不断交流关于财务报告问题的新思想,从而实现共同的目标。现在,虽然 G4 早已解散,但是,其协调会计准则的历史值得探讨借鉴,其在会计准则制定过程中关注概念基础、关注高质量财务报告以减少多种报告方法的观点,对后续会计准则制定具有宝贵的借鉴意义。

由于 G4 对 IASC 准则制定具有强大的影响力,IASC 制定的财务报表概念框架和各个具体会计准则都具有明显的"英美会计准则模式"(也称为盎格鲁-撒克逊会计模式,Anglo-Saxon accounting model)的烙印,这也是国际会计准则经常在发展中国家"水土不服"的缘由。同时,由于 G4 的强大影响力,国际上对"G4+1"的质疑声也一直不断。一些人担心,随着 G4 在会计准则协调过程中的参与度不断提高,其继续存在的动力不断增强,可能会对 IASC 的地位产生威胁,甚至最终取代 IASC(Street and Shaughnessy,1998)。并且,G4 成员国也致力于制定一套高质量的会计准则,这有可能产生第二套公认的会计准则并与国际会计准则进行竞争。批评人士同时声称,"G4+1"组织只是试图维持"英美会计准则模式"在国际会计准则方面的主导地位,对支持另类财务报告观点的国家或组织(如欧盟)构成了严重的威胁(Cairns,1997),为此,欧盟更加积极地参与 IASC 的协调工作,对抗"G4+1"组织的强大影响力。随着 2001 年 IASC 成功重组为 IASB,并于 2001 年 4 月开始运作,IASC 的历史使命完成。公开支持 IASB 的国际组织主要包括欧洲委员会、世界银行集团、国际货币基金组织、巴塞尔银行监管委员会、世界贸易组织(World Trade Organization,WTO)、经济合作与发展组织、亚太经济合作组织、世界交易所联合会、国际财务分析师协会等。IASC 的成功改组及 IASB 的成立,标志着 IASB 与国家标准制定者将展开积极合作,并且合作范围更大,意味着不再需要"G4+1"。如果继续"G4+1"的活动会使得资源转移,而这些资源本可以用来支持 IASB 在世界范围内实现准则全球趋同的目标。为此,2001 年 1 月 31 日至 2 月 1 日,"G4+1"在伦敦开会并宣布解散和停止一切活动。

3.2 欧洲经济共同体会计协调机制

随着"一带一路"倡议的提出到推进,大量投资活动和经济贸易活动必然会对会计产生更大的需求,各国复杂的政治、经济、文化等必然给会计准则的协调带来巨大的挑战,尤其是大部分"一带一路"共建国家的资本市场发达程度相差较大,会计水平也参差不齐。我国作为"一带一路"倡议的提出国,必须思考如何协调各国的会计准则并且建立和完善会计监管以推动区域经济更好的合作,以及如何为会计准则国际趋同贡献力量,增强本国在国际会计准则制定过程中的影响力。

"一带一路"已经成为仅次于欧盟的全球第二大贸易板块,要解决"一带一路"进程中面临的会计协调和会计监管问题,不能忽略欧洲会计协调和会计监管的经验。

1957年3月25日,法国、德国、意大利、荷兰、比利时和卢森堡六国在意大利首都罗马签订了《罗马条约》,旨在建立以协调其成员国法律和经济体系为目标的欧洲经济共同体。1958年,欧洲经济共同体正式组建。1965年,六国通过签署《布鲁塞尔条约》,决定将欧洲经济共同体与欧洲煤钢共同体、欧洲原子能共同体合并,统称为欧洲共同体,并于1967年7月1日正式生效。1991年12月,欧洲共同体签署《马斯特里赫特条约》,并于1993年11月1日正式生效,欧盟正式诞生,其目标是建立欧洲经济货币联盟和欧洲政治联盟。时至今日,欧盟已经是当今世界区域经济合作最为紧密并逐步从经济一体化走向政治一体化的国家间联盟。

在欧盟寻求经济和政治一体化的过程中,必然要对各成员国的会计准则进行协调,提高会计信息的可比性,促进彼此间的经济合作交流,维护其共同利益。欧洲会计协调是指欧盟为了协调各成员国的会计活动,通过制定和颁布一系列指令,对各国会计准则上的差异设定限度,以提高欧盟内各国会计实务和财务信息的统一性和可比性。从集体行动逻辑理论的观点看,这可视为一种两个以上的个体(此处指政府)形成的一项以会计准则为标的的特殊契约交易的集体行动(吴革和张新民,2006)。早在20世纪60年代,欧洲共同体就已经开始会计协调的工作,比IASC还要早。它将会计协调置于公司法调整的大框架内进行,谋求各个成员国的法律、制度的协调,制定了公司法指令,其协调的内容包括公司的设立、合并、分割、收购、公司结构、公司重要文件和信息披露、年度决算报告等。其中,欧洲共同体分别于1978年、1983年、1984年发布的第4号指令"公司年度决算报告"、第7号指令"合并决算报告"和第8号指令"会计师的资格条件"等都具有明显的会计区域协同属性。第4号指令主要针对股份公司和有限责任公司年度决算报告组成、报表应该坚持的历史成本计价和权责发生制等原则、报表附注最低披露要求、强制审计等要求进行规范;第7号指令实际上是第4号指令的补充,专门用于规范企业集团合并财务报表会计问题;第8号指令主要涉及审计师资格、学习教育和实务从业要求等。欧洲共同体的会计协调由欧洲共同体委员会提出,并交由部长理事会和欧洲议会审查批准,因此具有较高的权威性,得到各个成员国的普遍支持,包括法国、荷兰、比利时、英国、丹麦等都曾经根据欧洲共同体发布的会计指令而修改国内会计规章制度,因此也能取得较好的会计协调效果;另外,欧洲共同体还通过创建会计咨询论坛等加强各国的会计交流,寻求各成员国相关会计团体的合作,提升会计协调效果。不过,欧洲共同体的会计指令也有例外情况,如果因为遵从指令规定而不能满足会计信息"真实和公允"

的要求，会计主体可不遵循指令的会计处理要求，前提是必须在财务报表附注中加以说明。

但是，欧盟各国的会计制度之间其实存在着根本差异，特别是传统的法国和德国的会计模式主要强调债权人信息需求并强调信息保密的重要性，而荷兰的会计模式更加注重投资者信息需求并强调信息披露的重要性；而且，它们之间的法律和税收规则也存在着一些明显的差异。因此，欧洲共同体发布的一系列会计指令在协调会计工作时，也给了各成员国更多可选择的空间，并没有减少会计行为的多样性，只是在形式上实现了较大的趋同，而实质上并没有提高财务报表披露信息的质量，不能保证报表的可比性和透明性，并且会计确认、计量等问题没有得到实质性的解决；加之指令制定过程复杂漫长，不能很好地适应新的经济情况，易过时又不易修改和更新，阻碍了欧洲内部资本市场的发展（张铁铸和周红，2010；杨顺华等，2004；吴革，2006；管震达，2018）。例如，以最有影响力的第4号指令为例，第4号指令的条款可以分为强制性条款和非强制性条款两类，各个成员国对强制性条款必须不折不扣地执行；非强制性条款则承认成员国在国内立法上有选择余地。其中，非强制性条款在第4号指令中是主流。同时，随着资本市场全球化的发展，美国资本市场对欧盟跨国公司有着极大的吸引力，欧盟的跨国公司就面临着要编制两套财务报表的处境，这不仅会导致成本过高，还会给报表使用者带来困惑。于是，这些公司极力游说政府，允许他们按照美国通用会计准则（Generally Accepted Accounting Principles，GAAP）编制合并报表，很明显，这会使得欧盟制定会计准则的话语权降低，这是欧盟不愿意看到的。

与此同时，20世纪90年代以来，IASC的影响力逐渐增强，在协调国际会计准则上取得了巨大的成功，并且美国证券交易委员会（United States Securities and Exchange Commission，SEC）和美国财务会计准则委员会保持着合作。对于欧盟来说，与其花额外的成本制定一套会计准则，不如与IASC合作共同制定一套国际公认的会计准则，并增强自身对IASC的影响力和话语权，为欧盟各成员国及投资者谋取利益；对于IASC来说，与欧盟合作不仅能够显著推进国际会计准则的国际化进程，还能够制衡美国对IASC的影响力，从而共同推进IASC的工作（董必荣，2004）。

在这种背景下，2002年欧洲议会和欧盟委员会通过了关于运用国际会计准则的第1606（2002）号决议，决议规定自2005年1月1日起，所有在欧盟境内上市的公司都采用IFRS编制的合并财务报表。欧盟从内部会计协调转向采用国际会计准则的战略转变，极大地推动了国际会计准则的趋同，是国际会计协调进程中的一大成功经验。在采用国际会计准则的决议出台后，欧盟开始了一系列的活动以消除欧盟会计指令与国际会计准则的差异，为了使国际会计准则平缓过渡，欧盟充分发挥了欧盟会计监管机构的作用，各司其职，监督指导，建立了一套健全的监管机制。"一带一路"会计监管机制的探讨可以借鉴欧盟的经验。

（1）成立欧盟会计监管委员会（Accounting Regulatory Committee，ARC），主要是从立法层次上对国际会计准则进行认可。欧盟会计监管委员会是由欧盟委员会领导，由欧盟各成员国代表组成的监管委员会。欧盟对国际会计准则的采用不是全盘接受，而是有着严格的双层认可机制。第一层是技术层次的认可，由欧洲财务报告咨询小组（European Financial Reporting Advisory Group，EFRAG）负责，它是由会计职业界、金融业及保险业等行业的专家组成的一个独立技术小组，专业能力很强，积极参与国际会计的制定及活动，确保 IASB 充分考虑到了欧盟关注的重大会计问题，负责对 IASB 编制的 IFRS 进行检验，论证其适用性和可行性，并且向欧盟委员会和欧盟会计监管委员会提供相关准则实施的具体建议。欧盟会计监管委员会从立法层次上对欧洲财务报告咨询小组主张采用的某项国际会计准则进行审查，如果欧盟会计监管委员会支持采用，则会提交欧洲议会和欧盟理事会审议，审议通过后则以法令的形式发布；若有争议，欧盟会计监管委员会发表否定意见或不发表意见，欧盟委员会则要求欧盟会计监管委员会提出反对理由，并将反对理由及建议退回给欧洲财务报告咨询小组重新讨论，寻找替代方案或者将该事项提交欧盟理事会进行讨论，由欧盟理事会做出相关决定。

此外，为"一带一路"会计监管提供的一个思路是，可以由"一带一路"共建国家，尤其是主要"一带一路"共建国家的专业会计机构、金融机构等利益相关行业的专业机构组成一个技术层面独立的组织，从各个方面对各国执行的会计准则进行评估和审核，并且吸收各相关利益团体的专业人士和权威人士的意见，使其评估结果具有广泛性。同时，各个利益团体之间又互相制约、互相监督，使得没有任何一个机构拥有绝对的权力。既然技术层面上有了坚固的堡垒，那么"一带一路"的中心组织当然需要赋予其合法性和权威性。随着中国资本市场的不断完善和庞大的经济体量的形成，必然会对"一带一路"共建国家产生极大的吸引力，如果能有效地建立这样一个双重认可的监管机制，那么就会有力推动中国的资本市场走向世界。

（2）通过欧洲会计师联合会（Fédération des Experts Comptables Européens，FEE）对会计准则的执行层面进行监督。虽然在立法层次上对 IFRS 进行了认可，但为了避免会计准则的执行流于形式，因此需要在准则执行层面进行监督。该组织于 2016 年 12 月 7 日在其 30 周年庆祝活动上，宣布更名为欧洲会计师协会（Accountany Europe，AE）。截至 2024 年 7 月，该协会联合了来自 35 个国家的 50 个专业会计组织，代表着 100 万名合格会计师、审计师和顾问，可以对欧洲会计行业进行及时的指导。其目标是成为欧洲会计行业在欧盟组织中的代表机构，为广大客户和雇主的利益提供高质量的服务，并承担起欧洲会计行业对社会公众应有的责任。为了更好地实现上述目标，欧洲会计师协会与欧盟委员会进行了密切的合作，从准则的执行层面进行监督和指导，构成了欧盟会计协调监管的重要部分。IFRS 日益得到国际的认可，会计准则国际趋同已经成为必然趋势。"一带一路"共建国家采取的会计准则有很大的差异，即使是采取国际会计准则或者与国际会计准则趋同，在执行效果上也有差别。因此，有必要建立一个独立的专业机构，将"一带一路"共建国家的会计行业专业组织吸纳其中，从而对相关国家国际会计准则的执行情况集中反映、商讨、反馈建议，为"一带一路"会计监管提供基础。

（3）通过建立欧洲金融监管体系（European System of Financial Supervisors，ESFS），维护金融市场有序稳定，保护投资者的利益。ESFS 的主要目标是确保适当执行适用于金融部门的规则，以维护金融稳定并增强对整个金融体系的信心，并为投资者提供足够的保护。该体系由欧洲证券和市场管理局（European Securities and Markets Authority，ESMA）、欧洲银行管理局（European Banking Authority，EBA）、欧洲保险和职业养老金管理局（European Insurance and Occupational Pensions Authority，EIOPA）及欧洲系统性风险委员会（European Systemic Risk Board，ESRB）组成。其中，欧洲证券和市场管理局的主要目标是加强对投资者的保护，促进金融市场有序稳定。欧洲证券和市场管理局会对造成投资者、市场和金融不稳定的风险进行评估，并在其他欧洲监管当局和国家主管当局风险评估的基础上进行补充；同时，促进成员国之间会计监管趋同，汇集各方关于 IFRS 的建议，统筹负责 IFRS 的推广实行，确保公平竞争的环境和高质量的监管。欧洲银行管理局的前身是欧洲银行监管委员会，是一个独立的欧盟机构，致力于确保整个欧洲银行业进行有效、一致的审慎监管；其总体目标是维护欧盟的金融稳定，维护银行业的诚信、效率和有序运作；主要任务是帮助创建欧洲银行业单一规则手册，其目标是为整个欧盟的金融机构提供一套统一的审慎规则。该机构在促进监管实践趋同方面也发挥着重要作用。

由此可见，会计准则趋同必须伴随着金融监管的合作。"一带一路"会计监管合作，也离不开"一带一路"共建国家共同探讨和加强金融监管合作，"一带一路"共建国家也可以参考欧洲金融监管合作的成功经验，有序推进"一带一路"共建国家间金融监管合作。相对于欧盟发达经济体内部各国之间的差异，"一带一路"共建国家间金融发展水平差异更为明显，短期内要建立类似欧洲金融监管体系的合作机制，既不现实，也可能没有必要。但是，部分"一带一路"共建国家探讨的双边、多边金融监管合作机制，还是具备一定可行性的。

（4）会计与相关法律的协调必须同步进行。在欧洲会计协调的发展过程中，欧盟试图通过发布指令和制定规则两种手段来协调公司法和会计。指令必须体现在各成员国的法律之中，而规则无须通过各成员国立法就可以成为欧盟成员国普遍遵守的法规。也就是说，法律和会计的协调是同时受到欧盟考虑的，因为公法的一些重要规定不可避免地与会计产生密切联系。其中，与会计最相关的公司法指令是著名的第 4 号指令（1978 年开始采用）和第 7 号指令（1983 年开始采用）。第 4 号指令适用于欧盟国家的公开和非公开上市公司，主要涉及公开财务报表的格式和披露要求，但不涵盖合并问题；第 7 号指令则涵盖了合并问题。第 4 号指令已经引起绝大多数欧盟国家的报表格式或披露或计价发生重要变化；第 7 号指令已经实现了集团会计的重大协调。当然，必须承认，会计指令只包含最起码的要求，没有涉及大量的重要会计问题，指令的文本也给使用者的解释留出了较大的空间；欧盟各成员国也不能保持用相同的方式理解指令条款。为此，会计指令的联络委员会还需要处理大量涉及指令的解释问题，这些问题要在各个成员国之间达成一致立场是非常困难的。

3.3　中国会计准则国际互认机制

会计准则向国际会计准则趋同已经成为一个必然趋势，各国的会计准则制定机构及国际会计组织都致力于会计准则的国际趋同。冯淑萍（2002）认为，无论是欧盟决定采用国际会计准则，以及俄罗斯、韩国、日本、澳大利亚等国家做出的与国际会计准则趋同的举措，还是美国财务会计准则委员会与 IASB 的一系列合作，国际会计准则趋同并不仅仅是表面技术层面的事情，背后更多的是各国的利益之争，趋同是手段，其根本目的在于维护企业和国家的利益。

2005 年以来，我国财政部集中力量制定完成了与 IFRS 趋同的企业会计准则体系，并自 2007 年起在上市公司执行。经过多年的努力，目前，除在少数方面有差异以外，与国际会计准则已经实现了实质性趋同；并且，IASB 对我国做出的努力给予了充分的肯定，进一步加强了与我国财政部的合作，在制定会计准则时也会充分考虑我国的意见。在我国向国际会计准则趋同的过程中，还取得了更多有效成果，如欧盟认可我国会计准则与欧盟财务报告准则等效、中美会计合作、趋同和等效深入推进。

2001 年，欧盟决定采用国际会计准则，同时，为了增强欧洲市场的吸引力，削弱美国资本市场的影响，欧盟逐渐推动与其他国家会计准则等效的进程，增加欧洲资本市场的吸引力。2005 年，经过专业评估，欧盟将美国、加拿大和日本三国的会计准则列作 IFRS 等效会计标准。同时，承认其他国家向 IFRS 趋同的努力。我国始终努力推动我国会计准则国际趋同，欧盟高度认可和赞赏了我国 2005 年以来在会计准则改革中取得的成就，认为我国在会计准则国际趋同方面为新兴经济体提供了很好的经验。2011 年初，欧盟委员会就有关方面拜访我国财政部，实地评估我国会计准则实施情况，双方正式启动了中欧会计准则等效评估工作，同时，我国也于 2011 年 5 月启动了针对欧盟的会计准则等效评估，得到欧盟的积极配合。

2011年，欧盟委员会宣布认可中国会计准则与欧盟的财务报告准则具有同等效力。

美国是世界上最大的资本市场，也是最完善的资本市场，促进我国会计准则与美国会计准则等效具有极大的意义。中国与美国定期完善会议机制，交流与合作日益增强。2008年，中国会计准则委员会代表团访美，并与美国财务会计准则委员会签署了《中美会计合作备忘录》，双方努力协调就 IFRS 的立场和主张，达成了许多共识，中美会计合作、趋同与等效也已列为中美经济联合委员会对话的重要议题。2011年8月16日，美国财务会计准则委员会新任主席率团来访，参加财政部会计司与美国财务会计准则委员会每年的定期会议。双方就两国会计准则最新进展、会计准则国际趋同最新进展及具体技术问题等进行了深入交流，取得了显著成效。但是，随着近年来中美审计监管冲突、中美贸易争端，美国将中国视为战略竞争对手，中美会计合作道路比较坎坷，谈判历时比较久，出现了多家在美国上市的中资企业主动退出美国资本市场上市的情况。经过中美双方的不懈努力，中国证券监督管理委员会、财政部与美国公众公司会计监管委员会终于在 2022 年 8 月 26 日签署了审计监管合作协议，形成了符合双方法规和监管要求的合作框架，这也为双方下一阶段推进务实合作奠定了基础。

3.4 中日韩三国会计准则制定机构、亚洲-大洋洲会计准则制定机构组

中日韩三国会计准则制定机构成立于 2002 年，此时 IASC 已成功改组为 IASB，并且在国际会计准则的制定上取得了很大的进展，得到了欧盟和美国的支持，国际会计准则的影响力正在扩大。而当时的日本，由于 1996 年对金融市场的改革，影响了原来的信息披露制度，由此引发了"会计风暴"。随后日本政府出台了一系列的会计政策，并提出要与国际会计准则协调的目标。韩国由于受到亚洲金融危机的影响，得到世界银行的一系列援助，因此对韩国的会计准则制定产生了一些间接的影响，如要求韩国政府成立独立的民间组织来制定会计准则，从而推动韩国与国际会计准则协调。2001 年加入世界贸易组织，为我国经济注入了新的活力，推动了我国的会计改革与发展。在会计国际化的趋势下，中日韩三国为加强亚洲国家准则制定机构间的合作及发挥在 IASB 中的作用，于 2002 年 2 月 8 日在日本东京召开了三国会计准则制定机构会议，旨在协调三国对重大国际会计问题的看法及合作，发挥区域交流的优势。此后，3 个国家在采用 IFRS 方面做出了积极的努力，推动了会计准则国际趋同，并且推动了亚洲-大洋洲会计准则制定机构组的成立及合作。

亚洲-大洋洲会计准则制定机构组于 2009 年正式成立，当时受到 2008 年金融危机的影响，国际上越来越认识到会计信息质量发挥的重要作用，经中国、澳大

利亚、日本、马来西亚、新加坡、韩国等六国会计准则制定机构倡议并作为发起国而成立，截至 2022 年，亚洲-大洋洲会计准则制定机构组已经拥有 28 个国家的会计准则制定机构成员。每一次金融危机爆发的历史，都是一部会计反思史、创造史和再造史。由于 2008 年这场波及全球的金融海啸，会计界面临的一个重大历史任务就是加快建立一套高质量的全球统一的财务报告准则体系。要实现这个目标，离不开各国会计界的共同努力，而区域合作组织是推动此进程十分重要的力量。在当时，亚太地区的经济增长速度飞快，被称为"世界经济的引擎"，既有发达经济体，又有很多发展中国家，经济实力和国际影响力都在不断增强。经济越发展，会计越重要，亚太区域内的一些国家也意识到与国际会计准则趋同的重要性，并且应该使国际会计准则制定更多地听到亚太地区的声音。在此背景下，2008 年 10 月，中日韩三国会计准则制定机构提出成立亚洲-大洋洲会计准则制定机构组的构想；2009 年 4 月 17 日，亚洲-大洋洲会计准则制定机构在北京举行会议，讨论成立亚洲-大洋洲会计准则制定机构组的相关问题，与会代表一致同意建立亚洲-大洋洲会计准则制定机构组，以推动亚洲和大洋洲地区采用 IFRS 与之趋同，支持 IASB 为建立全球统一的高质量会计准则所做的工作，协调本地区各国家参与全球统一财务报告准则制定的立场，提高本地区财务报告准则的一致性和可比性，提高财务报告信息质量，美欧亚会计准则三足鼎立的局面基本形成。

经过 10 多年的努力，亚洲-大洋洲会计准则制定机构组已经召开了 14 次全体会议，对推动国家财务报告准则的制定发挥了重要作用。比如，自 2009 年成立以来，亚洲-大洋洲会计准则制定机构组的组织架构和日常运作模式不断完善，积极推进区域内国家之间的会计交流与互动，为该组织的持续发展打下了坚实的基础。在会计准则技术项目上，亚洲-大洋洲会计准则制定机构组针对 IASB 金融工具、收入确认、公允价值计量、财务报表列报等项目进行了充分的探讨和研究。

毫无疑问，不管是中日韩三国会计准则制定机构，还是亚洲-大洋洲会计准则制定机构组，都为国际会计准则趋同贡献了力量，也能够为"一带一路"共建国家加快国际会计准则趋同步伐提供很好的经验借鉴。但是，这两个机构工作的重点是协调本地区国家间的会计准则，推动会计准则国际趋同，召开的会议主要是汇报各国或各地区应用财务报告准则的最新进展，同时，对 IFRS 实施过程中存在的问题进行讨论，总结目前 IFRS 中存在的问题，将此反映给 IASB，从而使 IASB 更多地听到亚洲和大洋洲各个国家的声音。由此可以看出，这两个机构的工作主要是为了在国际会计准则制定过程中发出亚洲国家协调统一的声音，比较偏技术性、专业性和咨询性质，非权威性机构，尚未涉及会计监管合作这一层次，各个国家的会计监管仍然是独立运作的。

第 4 章

"一带一路"共建国家会计监管状况及差异分析

4.1 "一带一路"共建国家会计准则国际趋同总体状况

要实现《"一带一路"国际合作高峰论坛圆桌峰会联合公报》所提出的"促进金融市场相互开放和互联互通""发展本币债券和股票市场"的目标，就需要促进活跃于这些市场的上市公司、大中型企业、中小微企业的会计信息成为可以相互沟通和相互认同的国际商业语言。特别是，如果"一带一路"共建国家中的某个国家要到另一国家发行债券或发行股票进行融资，其提供的会计信息需要依据哪种会计准则呢？表 4.1 梳理了截至 2022 年 7 月，全球 167 个国家和地区采用 IFRS 的总体情况。表 4.2 主要列示了各个国家和地区本土上市公司、金融机构和中小微企业采用 IFRS 的情况，以及这些国家和地区对在本国或本地区上市的境外公司应该遵循的会计准则的信息。

表 4.1 IFRS 采用程度

采用程度区分	国家和地区数量/个	备注
承诺支持建立一套单一的高质量会计准则	158	阿尔巴尼亚、伯利兹、开曼群岛、埃及、巴拉圭、苏里南、瑞士和越南等除外
承诺支持 IFRS 作为唯一一套全球性的会计准则	159	伯利兹、百慕大群岛、开曼群岛、埃及、苏里南、瑞士和越南等除外。即使这些国家和地区没有公开承诺支持 IFRS，但其公众公司，包括上市公司和金融机构，已经普遍采用 IFRS
要求 IFRS 用于所在国家或地区的全部或几乎全部公众会计主体（包括上市公司和金融机构）	145	其中，不丹于 2021 年开始执行 IFRS
167 个国家和地区中，剩余的 22 个国家和地区执行 IFRS 的情况如下：		

续表

采用程度区分	国家和地区数量/个	备注
（1）允许而不是要求采用 IFRS	12	百慕大群岛、开曼群岛、危地马拉、洪都拉斯、日本、马达加斯加、尼加拉瓜、巴拿马、巴拉圭、苏里南、瑞士、东帝汶
（2）要求金融机构采用，但对上市公司无要求	1	乌兹别克斯坦
（3）正在与 IFRS 全面趋同过程中	1	泰国
（4）正在实质性趋同过程中，但不是完全趋同	1	印度尼西亚
（5）采用本国或本地区会计准则	7	玻利维亚、中国、埃及、印度、美国、越南等

资料来源：IFRS

表 4.2　全球相关国家和地区采用 IFRS 情况表

执行 IFRS 情况	国家和地区
要求本国或本地区公众公司执行 IFRS	巴勒斯坦、阿尔巴尼亚（股票交易不活跃，上市公司、金融机构和大型私有公司采用 IFRS）、巴基斯坦（部分准则未采用）、阿曼、巴林、约旦、叙利亚、以色列（银行除外）、阿塞拜疆、亚美尼亚、孟加拉国、柬埔寨（本国会计准则与 IFRS 一致）、伊拉克、伊朗、哈萨克斯坦、卡塔尔、马尔代夫、蒙古国、沙特阿拉伯、韩国、黑山、立陶宛、拉脱维亚、爱沙尼亚、斯洛文尼亚、克罗地亚、也门（无证券市场，银行执行）、捷克、白俄罗斯、格鲁吉亚、匈牙利、北马其顿、波兰、保加利亚（合并报表）、罗马尼亚、塞尔维亚、斯洛伐克、俄罗斯、南非、安圭拉、安提瓜和巴布达、阿根廷（银行除外）、澳大利亚、奥地利（合并报表层面）、巴哈马、巴巴多斯、比利时（合并报表层面）、贝宁、波黑、博茨瓦纳、巴西、布基纳法索、喀麦隆、加拿大（在美国注册的加拿大上市公司允许执行美国通用会计准则，费率管制公司在 2019 年之前也允许执行美国通用会计准则）、中非、乍得、哥伦比亚、智利、科摩罗、哥斯达黎加、塞浦路斯、科特迪瓦、刚果（布）、丹麦、多米尼加、厄瓜多尔、萨尔瓦多、赤道几内亚、斯威士兰、欧盟（合并报表）、斐济、芬兰、法国、加蓬、德国、加纳（上市公司、国企、金融机构）、希腊、格林纳达、几内亚、几内亚比绍、圭亚那、爱尔兰、意大利、牙买加、肯尼亚（上市公司、金融机构和部分国有企业）、科威特（上市公司、金融机构等）、列支敦士登、卢森堡、马拉维、马里、马耳他、墨西哥、毛里求斯、摩尔多瓦、蒙特塞拉特岛、纳米比亚、荷兰、尼日尔、尼日利亚、挪威、葡萄牙、巴布亚新几内亚、秘鲁、刚果（金）、卢旺达、塞内加尔、塞拉利昂、圣基茨和尼维斯、西班牙、圣文森特和格林纳丁斯、圣卢西亚、特立尼达和多巴哥、多哥、土耳其（IFRS 直接作为本国会计准则）、乌干达、乌克兰、阿联酋（个别交易所上市的公司非强制执行 IFRS）、英国、乌拉圭、赞比亚、津巴布韦
要求本国或本地区公众公司执行 IFRS，但实际该国或该地区没有证券交易	阿富汗（小规模以外公司及所有银行执行）、文莱（金融机构强制执行）、安哥拉（银行和其他金融机构执行）、伯利兹（银行必须，其他公司允许）、冈比亚、洪都拉斯（银行、保险公司和经纪公司执行 IFRS）、科索沃（大型商业公司和银行）、莱索托（金融机构）、利比里亚（金融机构）、多哥（要求大型国企和主权基金执行 IFRS，但不强制要求银行及其他公众公司执行 IFRS）

续表

执行 IFRS 情况	国家和地区
要求国内上市公司执行与 IFRS 实质趋同的本国会计准则	中国、印度、新加坡、马来西亚、尼泊尔、土耳其（IFRS 直接作为本国会计准则）、新西兰（相比 IFRS 多了 3 个准则）、缅甸（2023 年之后采用 IFRS，允许提前执行）、委内瑞拉（执行 2008 年版的 IFRS，对一般物价水平变动会计进行修订）
国内准则与 IFRS 存在一些差异	菲律宾（收入准则有差异，外国上市公司也执行本国会计准则）、泰国（实质性趋同，但金融工具准则等有差异）、越南、斯里兰卡（外国上市公司也是采用本国会计准则）
执行本国会计准则，本国会计准则正在与 IFRS 趋同中，但没有计划全面采用 IFRS	印度尼西亚（外国上市公司也需要采用本国会计准则）
上市公司执行本国会计准则	乌兹别克斯坦（银行需要执行部分修正的 IFRS）、埃及、土库曼斯坦、黎巴嫩、缅甸、吉尔吉斯斯坦、老挝、塔吉克斯坦、摩尔多瓦、埃塞俄比亚、美国、越南
允许但不强制本土公众公司执行 IFRS	百慕大群岛、开曼群岛（这两个群岛，本土都没有会计准则，允许执行 IFRS）、危地马拉（银行和保险公司必须遵循本国管制的会计准则）、日本、马达加斯加（没有股票交易所，金融机构允许执行 IFRS）、尼加拉瓜（或执行美国通用会计准则）、巴拿马（或执行美国通用会计准则）、巴拉圭（但很少公司采用）、苏里南（本国会计准则与 IFRS 不同）
允许但不强制国内上市公司执行 IFRS	不丹（2021 年后强制执行）、东帝汶（一些大型国企和主权基金必须执行 IFRS）、新加坡
要求国外上市公司执行 IFRS	巴勒斯坦、巴基斯坦、巴林、约旦、以色列（有限例外，同时在以色列和他国上市的公司除外）、亚美尼亚、孟加拉国、柬埔寨、伊拉克、马尔代夫、蒙古国、尼泊尔、黑山、立陶宛、拉脱维亚、爱沙尼亚、斯洛文尼亚、克罗地亚、捷克、格鲁吉亚、匈牙利、北马其顿、波兰、保加利亚、罗马尼亚、塞尔维亚、斯洛伐克、俄罗斯、土耳其、乌克兰、南非、新西兰（执行与 IFRS 实质趋同的本国会计准则，部分管制机构允许例外）、安圭拉、阿根廷、澳大利亚（部分外国公司在股票交易所同意下可以采用母国准则）、奥地利、巴哈马、比利时、贝宁、波黑、博茨瓦纳、巴西、布基纳法索、喀麦隆、加拿大（同时在美国上市的公司可以采用美国通用会计准则；加拿大证券交易所许可的一些国家的公司可以采用本国会计准则；其他外国公司必须执行 IFRS）、中非、乍得、智利、科摩罗、哥斯达黎加、塞浦路斯、科特迪瓦、刚果（布）、多米尼加（除非监管当局特许采用他国会计准则）、丹麦、厄瓜多尔、萨尔瓦多、赤道几内亚、斯威士兰、欧盟（合并报表）、斐济（但实际无外国上市公司）、芬兰、法国、加蓬、德国、加纳、希腊、格林纳达（除非监管当局特许采用他国会计准则）、几内亚、几内亚比绍、圭亚那、冰岛、爱尔兰、意大利、牙买加、肯尼亚、列支敦士登、卢森堡、马拉维、马里、马耳他、毛里求斯、摩尔多瓦、蒙特塞拉特岛（除非管制机构特别允许采用其他准则）、纳米比亚、荷兰、尼日尔、尼日利亚、挪威、葡萄牙、巴布亚新几内亚、秘鲁、刚果（金）、卢旺达、塞拉利昂、圣基茨和尼维斯（除非管制机构特别允许采用其他准则）、西班牙、圣文森特和格林纳丁斯（除非管制机构特别允许采用其他准则）、圣卢西亚（除非管制机构特别允许采用其他准则）、乌干达、阿联酋、英国、乌拉圭、赞比亚、津巴布韦

续表

执行 IFRS 情况	国家和地区
允许非本地上市公司执行 IFRS	不丹、泰国（事实上无外国上市公司）、阿塞拜疆、哈萨克斯坦（外国公司也可以使用美国通用会计准则）、马来西亚、韩国、白俄罗斯、埃及、巴巴多斯、百慕大群岛、开曼群岛、哥伦比亚、危地马拉、日本、墨西哥（或执行美国通用会计准则）、尼加拉瓜（或执行美国通用会计准则）、巴拿马（或执行美国通用会计准则）、新加坡（遵循 IFRS、美国通用会计准则或本国会计准则）、韩国（遵循 IFRS、美国通用会计准则或本土版的 IFRS）、特立尼达和多巴哥、多哥、美国（目前，超过 500 家外国公司，市值超过 7 万亿美元，执行 IFRS）、委内瑞拉
要求执行 IFRS 的中小企业会计准则	不丹、菲律宾、孟加拉国、马来西亚（执行与 IFRS 一致的本国会计准则）、柬埔寨（部分企业强制，部分企业允许）、哈萨克斯坦、卡塔尔、北马其顿、塞尔维亚、南非、博茨瓦纳（小微企业可以执行，其余强制执行）、哥伦比亚（小微企业除外）、智利、哥斯达黎加、多米尼加、萨尔瓦多、斐济、加纳、圭亚那、肯尼亚（政府有股权的企业）、缅甸、罗马尼亚（部分强制，部分允许）、卢旺达（部分强制，部分允许）、英国（本国会计准则与 IFRS 没有本质差异）、委内瑞拉（石油、燃气和矿业公司必须执行完整版的 IFRS）
允许执行 IFRS 的中小企业会计准则	巴勒斯坦、巴基斯坦、巴林、约旦、东帝汶、新加坡、以色列、阿塞拜疆、亚美尼亚、伊拉克、哈萨克斯坦（中小企业）、马尔代夫、沙特阿拉伯、韩国、斯里兰卡、也门、格鲁吉亚、乌克兰、巴巴多斯、百慕大群岛、波黑（个别报表允许，合并报表不允许）、开曼群岛、厄瓜多尔、斯威士兰、冈比亚、格林纳达、危地马拉、洪都拉斯、爱尔兰（执行基于 IFRS 中小准则的本国会计准则，且实质性不同）、牙买加、科索沃（或选择 IFRS）、莱索托、利比里亚、马达加斯加、马来西亚（执行与 IFRS 中小企业准则实质趋同的本国会计准则）、马拉维、马耳他、毛里求斯、蒙特塞拉特岛、纳米比亚、尼加拉瓜、尼日利亚、巴拿马、巴布亚新几内亚、巴拉圭（但很少公司采用）、秘鲁、塞内加尔、塞拉利昂、圣基茨和尼维斯、圣文森特和格林纳丁斯、圣卢西亚、多哥、乌干达（部分政府参股的私人企业需要强制执行 IFRS）、阿联酋、乌拉圭、赞比亚（小微企业执行本国会计准则）、津巴布韦
正在考虑 IFRS 的中小企业会计准则执行问题	阿尔巴尼亚、约旦、文莱、泰国、伊朗、蒙古国、俄罗斯、玻利维亚、马达加斯加、挪威、阿曼

资料来源：http://www.ifrs.org/use-around-the-world/use-of-ifrs-standards-by-jurisdiction/

注：①阿联酋，在迪拜金融市场上市公司允许采用 IFRS，其他地方上市的公司则必须执行 IFRS；②在欧盟成员国上市的外国公司，如果所在国家的会计准则被欧盟视为与 IFRS 等效，则可以执行本国会计准则

根据表 4.1 和表 4.2 提供的信息可以发现，各个国家和地区，如果本国或本地区资本市场允许非本国或本地区公司上市，则这些公司编制财务报表时，存在如下几种情况。第一，必须强制执行 IFRS，如意大利、葡萄牙、希腊等欧盟的成员国，以及新西兰等国家；第二，允许执行 IFRS，如日本、美国、韩国等；第三，要求在 IFRS 或美国通用会计准则之间进行选择，如美国；第四，要求在 IFRS、美国通用会计准则和上市所在国家会计准则之间进行选择，如新加坡、韩国等国家；第五，部分国家和地区，在该国和地区相关部门许可的前提下，可以允许来该国或地区上市的非本国或本地区公司采用自己所在国家的准则，如加拿大规定在加拿大上市的美国公司，如果同时在美国上市，则可以直接采用美国通用会计准则提供会计信息；第六，允许执行与该国或地区等效的会计准则，如欧盟国家、

日本和瑞典。从上述表格来看，当外国公司来到本国上市时，大部分国家还是选择认同执行 IFRS。

那么，以我国为例，如果"一带一路"共建国家需要到我国发行债券或股票进行融资，借鉴国际通行做法，我们也应该在以下方案中进行权衡：①强制要求执行 IFRS；②允许在 IFRS 和我国会计准则之间进行选择；③允许在 IFRS、美国通用会计准则和我国会计准则之间进行选择；④允许融资主体采用自己所在国家的会计准则。本书认为，采用哪一种方案，需要考虑以下几个因素：①如果该国或地区仍然执行本国或地区会计准则，那么，需要考虑相对于我国而言，该国或地区的会计准则质量及会计信息质量的优劣；②如果该国或地区已经执行 IFRS，那么，需要考虑其执行 IFRS 的程度及执行质量；③对等协议，即需要考虑如果我国企业到该国或地区融资，他们对我国企业提供会计信息的要求。

根据中国一带一路网，截至 2022 年 8 月底，我国已经与 149 个国家和 30 个国际组织签署了 200 份共建"一带一路"合作文件。这些国家执行 IFRS 的情况如表 4.3～表 4.5 所示（IASB 官网在 2018 年 4 月 25 日至 2022 年 7 月期间对相关信息没有予以更新）。

表 4.3 "一带一路"共建国家执行 IFRS 情况明细表

洲别	国家
非洲	苏丹、南非*、塞内加尔*、塞拉利昂*、科特迪瓦*、索马里、喀麦隆*、南苏丹、塞舌尔*、几内亚*、加纳*、赞比亚*、莫桑比克*、加蓬*、纳米比亚*、毛里塔尼亚*、安哥拉*、吉布提*、埃塞俄比亚*、肯尼亚*、尼日利亚*、乍得*、刚果（金）*、津巴布韦*、阿尔及利亚、坦桑尼亚*、布隆迪、佛得角*、乌干达*、冈比亚*、多哥*、卢旺达*、摩洛哥*、马达加斯加*、突尼斯*、利比亚、埃及、莱索托*、科摩罗*、贝宁*、马里*、尼日尔*、刚果（布）*、博茨瓦纳*、中非*、几内亚比绍*、厄立特里亚*、布基纳法索*、圣多美和普林西比*、马拉维*、赤道几内亚*、利比里亚*
亚洲	中国**、斯里兰卡***+、韩国*、柬埔寨*、老挝、孟加拉国*、蒙古*、新加坡*、东帝汶*、马来西亚*、缅甸*、越南***、文莱、巴基斯坦*、尼泊尔*、马尔代夫*、阿联酋*、科威特*、土耳其*、卡塔尔*、阿曼*、黎巴嫩*、沙特阿拉伯*、巴林*、伊朗*、伊拉克*、阿富汗、阿塞拜疆*、格鲁吉亚*、亚美尼亚*、哈萨克斯坦*、吉尔吉斯斯坦*、塔吉克斯坦*、乌兹别克斯坦*、泰国***、印度尼西亚*、菲律宾***、也门*、叙利亚*
欧洲	塞浦路斯*、俄罗斯*、奥地利*、希腊*、波兰*、塞尔维亚*、捷克*、保加利亚*、斯洛伐克*、阿尔巴尼亚*、克罗地亚*、波黑*、黑山*、爱沙尼亚*、立陶宛*、斯洛文尼亚*、匈牙利*、北马其顿*、罗马尼亚*、拉脱维亚*、乌克兰*、白俄罗斯*、摩尔多瓦*、马耳他*、葡萄牙*、意大利*、卢森堡*
大洋洲	新西兰**、巴布亚新几内亚*、萨摩亚*、纽埃*、斐济*、密克罗尼西亚联邦*、库克群岛*、汤加*、瓦努阿图*、所罗门群岛*、基里巴斯*
南美洲	智利*、圭亚那*、玻利维亚*、乌拉圭*、委内瑞拉**、苏里南*、厄瓜多尔*、阿根廷*、秘鲁*
北美洲	哥斯达黎加*、巴拿马****、萨尔瓦多*、多米尼克*、特立尼达和多巴哥*、安提瓜和巴布达*、多米尼加*、格林纳达*、巴巴多斯*、古巴、尼加拉瓜****、牙买加*

注：表中没有标识星号的，表示执行本国会计准则，没有与 IFRS 趋同；马达加斯加没有证券交易所，金融机构允许执行 IFRS

*表示该国要求国内上市公司（通常还包括金融机构）执行 IFRS，其中，阿富汗、文莱、安哥拉、冈比亚、利比里亚、多哥六国尽管要求国内上市公司执行 IFRS，但这些国家并没有证券交易；另外，秘鲁、莱索托要求金融机构执行本国会计准则；**表示该国要求上市公司执行与 IFRS 实质趋同的本国会计准则；***表示本国会计准则与 IFRS 存在一些差异；****表示执行 IFRS 或美国通用会计准则；+表示允许采用 IFRS，本国会计准则与 IFRS 不同

表 4.4 "一带一路"共建国家会计准则国际趋同情况明细表

与 IFRS 关系	具体国家的名称
趋同	南非、塞内加尔、塞拉利昂、科特迪瓦、喀麦隆、几内亚、加纳、赞比亚、加蓬、纳米比亚、安哥拉、肯尼亚、尼日利亚、乍得、刚果（金）、津巴布韦、乌干达、冈比亚、多哥、卢旺达、赤道几内亚、利比里亚、科摩罗、贝宁、马里、尼日尔、博茨瓦纳、中非、几内亚比绍、布基纳法索、马拉维、韩国、柬埔寨、孟加拉国、蒙古国、文莱、巴基斯坦、马尔代夫、阿联酋、科威特、卡塔尔、阿曼、沙特阿拉伯、巴林、伊朗、伊拉克、阿富汗、阿塞拜疆、格鲁吉亚、亚美尼亚、哈萨克斯坦、也门、叙利亚、塞浦路斯、俄罗斯、奥地利、希腊、波兰、塞尔维亚、捷克、保加利亚、斯洛伐克、阿尔巴尼亚、克罗地亚、波黑、黑山、爱沙尼亚、立陶宛、斯洛文尼亚、匈牙利、北马其顿、罗马尼亚、拉脱维亚、乌克兰、白俄罗斯、摩尔多瓦、马其他、葡萄牙、意大利、卢森堡、巴布亚新几内亚、斐济、智利、圭亚那、委内瑞拉、厄瓜多尔、秘鲁、哥斯达黎加、萨尔瓦多、多米尼加、特立尼达和多巴哥、安提瓜和巴布达、多米尼克、格林纳达、巴巴多斯、牙买加、坦桑尼亚、阿根廷
实质性趋同	中国、新加坡、马来西亚、缅甸、尼泊尔、土耳其、新西兰
正在趋同，但存在一些重要差异	斯里兰卡、越南、泰国、菲律宾
允许执行 IFRS 或美国通用会计准则	巴拿马、尼加拉瓜
允许但非强制采用 IFRS，本国会计准则与 IFRS 不同	苏里南
暂无趋同计划，执行本国会计准则	苏丹、索马里、南苏丹、塞舌尔、莫桑比克、毛里塔尼亚、吉布提、埃塞俄比亚、阿尔及利亚、布隆迪、佛得角、摩洛哥、马达加斯加、突尼斯、利比亚、埃及、莱索托、老挝、东帝汶、黎巴嫩、吉尔吉斯斯坦、塔吉克斯坦、乌兹别克斯坦、印度尼西亚、萨摩亚、纽埃、密克罗尼西亚联邦、库克群岛、汤加、瓦努阿图、所罗门群岛、玻利维亚、乌拉圭、古巴、刚果（布）、厄立特里亚、圣多美和普林西比、基里巴斯

表 4.5 "一带一路"共建国家执行 IFRS 情况统计表

与 IFRS 关系类型	"一带一路"共建国家数量/个
趋同	98
实质性趋同	7
正在趋同，但存在一些重要差异	4
允许执行 IFRS 或美国通用会计准则	2
允许但非强制采用 IFRS，本国会计准则与 IFRS 不同	1
暂无趋同计划，执行本国会计准则	38
合计	150（含中国）

资料来源：普华永道 2019 年报告《"一带一路"沿线国家会计及资本市场环境报告》，划分结果略有不同。

根据表 4.5 可以发现，"一带一路"共建国家大多数已经执行 IFRS（包括直接采用 IFRS 或采用与 IFRS 实质趋同的本国会计准则），但也仍然存在不少国家未执行 IFRS。同时，即使是执行 IFRS，还必须注意，"一带一路"共建国家经济社会发展水平不一，相当一部分国家仍然是新兴经济体，资本市场发展水平、证券市场监管水平、独立审计质量可能存在很多差异，甚至有些国家尚未有证券交易市场，采用高质量的会计准则不一定能够带来高质量的会计信息。

因此，本书认为，"一带一路"共建国家的企业，如果在我国以发行债券或股票等方式进行融资，即使该国已经执行 IFRS，我国是否允许其直接根据 IFRS 提供会计信息也仍需要进一步分析。为此，下文选取部分"一带一路"共建国家介绍其会计监管基本情况。

4.2 代表性"一带一路"共建国家会计监管具体情况

本节按照大洲，选取了部分国家的会计监管情况进行简单的介绍。由于资料获取困难，本节并未涵盖所有"一带一路"共建国家的会计监管情况，所涉及的国家，相关信息也仍然比较简略。

4.2.1 亚洲地区

1. 柬埔寨

柬埔寨是传统农业国，贫困人口约占总人口的 17.8%。2021 年，全国总人口约 1694 万，其中农业人口占比达到 85%。

柬埔寨的会计准则制定机构是国家会计委员会，会计准则体系包括柬埔寨会计准则、柬埔寨财务报告准则及柬埔寨中小企业财务报告准则等，其中，后两者分别是基于 IFRS 和中小企业 IFRS 制定的。柬埔寨要求上市公司、首次公开募股公司、证券公司等公众利益实体自 2012 年起执行柬埔寨财务报告准则，其他金融机构和保险公司也于 2019 年起开始执行柬埔寨财务报告准则；非公众利益实体则已经于 2010 年起执行柬埔寨中小企业财务报告准则。特别需要指出的是，IASB 同时也是柬埔寨的审计准则制定机构，这在全球都是很特殊的。目前，其审计准则也已经完全同国际审计准则趋同。

尽管会计准则和审计准则都已经与国际趋同，但是，柬埔寨资本市场欠发达，上市公司数量极少。根据普华永道 2019 年发布的报告，柬埔寨只有 5 家上市公司，证券交易委员会是其监管机构，金融企业的监管机构是柬埔寨国家银行。

2. 格鲁吉亚

格鲁吉亚位于南高加索中西部，2023年1月，人口约为373.6万，国土面积为6.97万平方公里。格鲁吉亚属于发展中国家。2023年，格鲁吉亚的GDP为305亿美元。

目前，格鲁吉亚已经采用IFRS作为本国会计准则，并要求上市公司、外资企业、非上市公司的金融机构（银行、保险公司、证券交易所、证券发行人和投资机构）及一些收入、资产、雇员人数达到一定规模以上（总资产超过5000万拉里[①]、总收入超过1亿拉里、员工人数超过250人）的非上市企业强制执行，其他规模的公司允许采用IFRS或中小企业IFRS，小微企业还允许选择执行格鲁吉亚自己制定的会计规范。格鲁吉亚财政部下设的会计、报告和审计监督服务署负责颁布及翻译IFRS、国际审计准则等国际会计、审计标准。

格鲁吉亚的上市公司监管机构比较特殊，国家银行和证券交易所是其主要监管机构。其中，国家银行的主要职责是确保证券价格稳定，负责制定证券发行规则、实施证券相关法律、证券市场监督、检查相关执照等，相当于我国的证券监督管理委员会；证券交易所则是该国唯一的证券交易市场。另外，国家银行、财政部和国家公共注册局是非上市公司中金融机构的主要监管机构。

3. 印度尼西亚

印度尼西亚位于亚洲西部，2021年8月人口为2.68亿，是世界第四人口大国，由数百个民族组成。印度尼西亚属于发展中国家，是东盟最大的经济体，其农业、工业和服务业都对国民经济起到重要作用。

印度尼西亚会计准则、审计准则是由国内的专业社会团体，即印度尼西亚会计师协会和注册会计师协会分别负责制定，各类企业都需要根据其制定的会计准则编制财务报表，会计师事务所和注册会计师审计需要执行印度尼西亚审计准则。尽管印度尼西亚自己制定会计准则，但也与IFRS持续趋同，并基本保持一致。印度尼西亚的审计准则制定和更新过程中，通常会参考最新的国际审计准则，确保国家内的审计实践与国际接轨。

金融服务管理局和证券交易所是印度尼西亚上市公司的主要监管机构，非上市公司则主要由商务部进行监督管理。截至2019年5月底，印度尼西亚已经有560多家上市公司。

4. 约旦

约旦位于亚洲西部，2021年2月人口为1083万，面积为8.9万平方公里。约旦属于发展中国家，资源比较贫乏，国民经济主要支柱为侨汇、旅游和外援。2022

[①] 根据2022年4月1日报价，1.000元人民币相当于0.489格鲁吉亚币（拉里）。

年，约旦的 GDP 约为 486.5 亿美元。但是，约旦金融系统比较发达，全国有 26 家银行，全部是上市私有银行。

约旦会计准则和审计准则都已经实现了国际趋同，本国已经不再制定财务报告准则和审计准则。证券委员会、证券交易所和中央银行是约旦上市公司的主要监管机构；工业贸易和供应部是非上市公司的主要监管机构。注册会计师协会是会计师事务所和注册会计师的主要监管机构，性质上属于职业团体。

5. 哈萨克斯坦

哈萨克斯坦位于亚洲中部，人口为 2003 万（2024 年 3 月数据），面积为 272.49 万平方公里，经济上以石油、采矿、煤炭和农牧业为主。2022 年，哈萨克斯坦的 GDP 约为 2254.96 亿美元。

哈萨克斯坦会计准则和审计准则都已经实现了国际趋同，本国已经直接将 IFRS 和中小企业 IFRS 作为当地法定会计准则，所有企业都可以直接执行 IFRS，中型企业也可以选择执行中小企业 IFRS，只有小型企业才需要将本国制定的国家会计准则作为可以选择的会计准则之一。如果是外资上市公司，除了执行 IFRS，也可以选择执行美国通用会计准则。注册会计师也是直接根据国际审计与鉴证准则委员会的国际审计准则执行审计业务。

哈萨克斯坦证券交易所（Kazakhstan Stock Exchange，KASE）是哈萨克斯坦上市公司的主要监管机构，该交易所由中央银行和其他三家大型银行共同创建；哈萨克斯坦财政部信息和记录中心是非上市公司的主要监管机构。注册会计师协会是会计师事务所和注册会计师的主要监管机构，性质上属于职业团体。

6. 科威特

科威特位于亚洲西部，2023 年 12 月人口为 485.9 万，面积为 17 818 平方公里，石油和天然气工业是国民经济的主要支柱，同时，金融、贸易、旅游和会展等行业近年来发展势头也较好。2022 年，科威特的 GDP 约为 1753.63 亿美元。

科威特会计准则和审计准则都已经实现了国际趋同，本国已经不再制定财务报告准则和审计准则。资本市场管理局是科威特上市公司的主要监管机构，性质上属于政府机构；科威特商业和工业部是非上市公司的主要监管机构，也属于政府机构。资本市场管理局、商业和工业部是科威特会计师事务所和注册会计师协会的主要监管机构。

7. 吉尔吉斯斯坦

2022 年，吉尔吉斯斯坦的 GDP 约为 115.44 亿美元。

吉尔吉斯斯坦会计准则和审计准则都已经实现了国际趋同，本国已经不再制定本国财务报告准则和审计准则。吉尔吉斯斯坦上市公司和非上市公司的主要监管机构都是国家金融市场监管局，性质上属于政府机构。国家金融市场监管局同时也是会计师事务所和注册会计师协会的主要监管机构，这种治理安排在国际上是比较特殊的。

8. 老挝

老挝是位于中南半岛北部的内陆国家，人口为 758 万（2023 年 1 月数据），面积为 23.68 万平方公里。老挝属于发展中国家，以农业为主，工业基础薄弱。2022 年，老挝的 GDP 约为 154.69 亿美元。

老挝的上市公司主要由老挝证券交易所（Lao Securities Exchange）监管。非上市公司主要受到老挝财政部下属机构税务总局的监管。税务总局对非上市公司监管的主要内容是税收合规性。老挝财政部下属的老挝国家会计局是会计师事务所及注册会计师的主要监管机构。会计审计政策和行业法规由老挝国家会计局负责制定。2017 年，老挝国家会计局颁布公告，要求上市公司、银行、保险公司和其他金融机构等公众利益实体及在老挝设立和运营的外资上市企业，都需要按照 IFRS 编制财务报表；中央银行监管下的银行金融机构还需要根据中央银行规定提供财务报表。同时，大部分非公众利益实体企业按照老挝会计指南编制财务报表，但是，目前老挝国家会计局正在着手制定非公众利益实体的财务报告准则；非上市外资企业也可以选择按照本国会计准则编制财务报表。在审计方面，会计师事务所和注册会计师根据国际审计准则开展上市公司审计业务，其中，外资企业必须由四大会计师事务所负责审计。

9. 马来西亚

马来西亚位于东南亚，2023 年人口为 3370 万，面积约为 33 万平方公里。2022 年，按照全年平均汇率折算，马来西亚的 GDP 约为 4070.27 亿美元。

马来西亚上市公司主要受到马来西亚证券监管委员会和马来西亚交易所的监管；非上市公司则主要受政府机构公司委员会的监管。马来西亚的会计准则制定机构是马来西亚会计准则委员会（Malaysian Accounting Standards Board，MASB），属于政府机构，早在 2012 年，马来西亚会计准则已经与 IFRS 全面趋同。相应地，上市公司应该根据与 IFRS 全面趋同的马来西亚会计准则编制财务报表，如果是外资上市公司，也可以使用 IASB、美国财务会计准则委员会、英国财务报告委员会和澳大利亚会计准则委员会颁布的国际认可的其他会计准则。在审计方面，会计师事务所和注册会计师也执行经会计师协会公布的适用的国际审计准则。

10. 蒙古国

蒙古国是位于亚洲中部的内陆国家，人口约为 350 万人（2023 年 12 月），面积为 156.65 万平方公里。蒙古国属于发展中国家，以矿业、农牧业、交通运输业和服务业等为主。2022 年，蒙古国的 GDP 约为 171.46 亿美元。

蒙古国财政部是蒙古国的会计准则制定机构，目前正计划将蒙古国会计规范与 IFRS 趋同；会计师事务所和注册会计师则已经按照国际审计与鉴证准则委员会发布的国际审计准则开展审计工作。

截至 2022 年底，蒙古国股票市场总评估量约为 20 亿美元，较上年同期增加 15.2%，证券交易次数共 6.036 亿笔，同比减少 26.25%。股票交易量为 1.685 亿美元，较上年同期减少 58.9%。证券交易所是其主要监管机构。上市公司，包括外资上市公司，都需要按照 IFRS 编制财务报表。非上市公司则主要由蒙古国财政部监管。非上市公司执行的会计准则分为两种。其中，金融机构、《商业活动许可法》规定的公司、国有企业和国资成分的企业及提供公共服务的企业，需要按照 IFRS 编制财务报表；其他非上市公司可以选择执行 IFRS 或蒙古国财政部颁布的财务报告列报和披露规范。

11. 缅甸

缅甸位于亚洲东南部，面积为 67.85 万平方公里，人口约为 5482 万（2022 年数据）。经济上，缅甸以农业为主，从事农业人口超过 60%。2022 财年，缅甸的 GDP 约为 622.63 亿美元。

缅甸上市公司的监管机构是证券交易委员会，是计划与财政部的下属机构；非上市公司则由计划与财政部下属的投资和公司管理局、金融监管部门进行监管，其中，金融监管部门主要监管小额信贷机构、国家彩票业务、国家银行和保险业等。缅甸的会计准则和审计准则制定机构都是缅甸会计委员会，该机构由联邦总审计长领导，这在国际上也是非常特殊的。在会计准则国际化方面，缅甸于 2018 年 7 月宣布在 2022~2023 财年或之后的会计期间开始要求企业执行 IFRS，并允许企业提前执行。相应地，缅甸也于 2022~2023 财年采用国际审计准则。在 2022~2023 财年之前，缅甸上市公司仍然是采用缅甸会计准则编制财务报表。非上市公司仍然一直采用缅甸会计准则，其中，中小型企业可以选择执行缅甸会计准则或缅甸中小型企业会计准则，这两套会计准则也分别与 2010 年版的 IFRS 及 2008 年版的国际中小企业会计准则趋同。所以，总体上，缅甸的会计准则国际化程度比较高。

12. 巴基斯坦

巴基斯坦属于中亚国家，国土面积为 79.6 万平方公里（不含巴控克什米尔地区），人口约为 2.4 亿（2023 年数据）。巴基斯坦属于发展中国家。2022 年，巴基斯坦的 GDP 为 3746.97 亿美元。

巴基斯坦证券交易委员会是巴基斯坦上市公司的主要监管机构，非上市公司则同时受到证券交易委员会和联邦收入委员会的监管。巴基斯坦的会计法律规范由本国的公司法确定。根据公司法规定，会计准则必须经过本国证券交易委员会批准才可使用，而证券交易委员会已经将制定会计准则的责任委托给巴基斯坦特许会计师协会。目前，巴基斯坦不同类型的公司采用的会计准则体系不同。上市公司、银行等金融机构及对国家经济有重大影响的企业执行 IFRS，但部分 IFRS 不予采用，如 IFRS 1（首次采用 IFRS）、IFRS 15（客户合同收入）、IFRS 16（租赁）、IFRS 14（递延管制账户）等；中型企业采用中小企业 IFRS；小型企业则采用巴基斯坦特许会计师协会制定的小型企业会计及财务报告准则。在审计准则方面，巴基斯坦特许会计师协会已经采用了国际审计与鉴证准则理事会颁布的 2009 年版的国际审计准则。国际审计与鉴证准则理事会发布的国际业务审查准则、保证服务国际标准和国际相关服务标准等也同样被巴基斯坦所采用。因此，总体上，巴基斯坦会计、审计准则国际化程度也较高。

13. 菲律宾

菲律宾属于东南亚国家，面积为 29.97 万平方公里，2022 年人口约为 1.1 亿，马来裔人口占总人口的 85%以上。经济上，菲律宾属于出口导向型经济，对外部市场依赖度较大，与全球 150 个国家有贸易关系。第三产业在国民经济中地位突出，农业和制造业占相当比重。2022 年，菲律宾的 GDP 约为 4042.84 亿美元。

菲律宾上市公司与非上市公司都主要受到菲律宾证券交易委员会的监管。菲律宾金融会计准则理事会（Financial Reporting Standards Council，FRSC）负责制定和推广菲律宾的财务报告准则和 IFRS 的本地版本，即菲律宾金融会计准则（Philippine Financial Reporting Standards，PFRS）。目前，菲律宾各类企业（含在菲律宾设立和运营的外资企业）需要执行菲律宾财务报告准则编制财务报表，但菲律宾财务报告准则已经基本与 IFRS 趋同。菲律宾审计委员会是菲律宾的审计准则制定机构，其审计准则也已经与国际审计准则基本趋同。

14. 沙特阿拉伯

沙特阿拉伯属于亚洲国家，位于阿拉伯半岛，国土面积为 225 万平方公里，2023 年人口为 3218 万。沙特阿拉伯的主要经济支柱是石油工业，石油收入占国家财政收入的比重超过 62.2%。2022 年，沙特阿拉伯的 GDP 达到 11 085.72 亿美元。

沙特阿拉伯的上市公司主要受到资本市场管理局的监管，资本市场管理局性质上属于政府机构；非上市公司主要受到另一政府机构——投资部的监管；银行和保险公司则受到中央银行的监管。沙特阿拉伯注册会计师协会成立于1992年，在性质上属于政府机构，受到投资部的监督，是会计师事务所和注册会计师的主要监管机构，并负责会计准则、审计准则、职业道德准则等的制定。目前，银行和保险公司、上市公司及外资企业都需要按照IFRS编制财务报表；其他中小企业允许按照IFRS或中小企业IFRS编制财务报表，也可以采用本国会计准则。目前，沙特阿拉伯注册会计师协会制定的会计准则，除了在固定资产和无形资产的重估模式及投资性房地产的公允价值模式方面没有采用IFRS，其他方面已经保持一致，且在此基础上，根据伊斯兰教义和当地法律增加了部分披露要求。在审计准则方面，沙特阿拉伯适用国际审计准则。

15. 新加坡

新加坡属于东南亚国家，国土面积为735.2平方公里，2023年总人口约为592万，以华人为主。新加坡经济发达程度高，以电子、石油化工、金融、航运、服务业为主，属于外贸驱动型经济。2022年，新加坡的GDP约为4667.88亿美元。

新加坡上市公司主要受到金融管理局监管，非上市公司则主要受到新加坡财政部、会计与企业管理局监管。新加坡上市公司（含外资上市公司）都必须执行新加坡财务报告准则，但同时在新加坡及新加坡境外上市的公司可以按照IFRS编制财务报表，或被豁免并选择其他会计准则编制财务报表，如选择美国通用会计准则；新加坡非上市公司（含外资非上市公司）经批准也可以按照IFRS编制财务报表。新加坡的会计准则制定机构是公司披露与治理委员会，新加坡财务报告准则基本上采用了IFRS，但采用IFRS之前需要根据本国情况进行谨慎评估，如IFRS中的"关于恶性通货膨胀经济""退休福利"等内容在新加坡并没有对应的准则。

16. 斯里兰卡

斯里兰卡是南亚次大陆以南印度洋上的岛国，靠近赤道，国土面积为65 610平方公里，2023年人口约为2203万人。经济上，斯里兰卡以种植园经济为主，主要包括茶叶、橡胶、椰子和稻米，工业基础薄弱，以农产品和服装加工业为主。2022年，斯里兰卡的GDP约为744.04亿美元。

与其他国家不同，斯里兰卡上市公司的监管机构比较多，同时受到斯里兰卡证券交易委员会、斯里兰卡公司注册局和科伦坡证券交易所的监管。证券交易委员会主要负责制定相关法律法规以建立健全高效公平的资本市场；斯里兰卡公司注册局主要负责审核和批准公司注册申请；科伦坡证券交易所负责监控证券交易。非上市公司则主要受到斯里兰卡公司注册局的监管。特许会计师协会和会计审计准则监管委员会是斯里兰卡会计师事务所与注册会计师的主要监管机构，其中，特许会计师协会主要负责制定会计准则、协助制定会计相关的国家政策、组织注册会计师考试选拔和培养执业会员、建立注册会计师行业的专业和道德标准等；会计审计准则监管委员会根据 1995 年第 15 号斯里兰卡《会计和审计准则法》成立，主要负责会计审计准则的执行情况，指定的商业实体必须将年度审计报告递交会计审计准则监管委员会。目前，斯里兰卡上市公司、金融类非上市公司（银行、保险、保理、租赁、信托和基金管理等）需要执行本国会计准则和审计准则，其他非上市公司需要执行斯里兰卡会计准则或中小企业财务报告准则，但斯里兰卡会计准则、审计准则和中小企业会计准则都已经基本实现国际趋同（中小企业准则与国际中小企业财务报告准则趋同），特别是审计准则，已经与国际审计准则高度趋同，实际上是将 2016~2017 年国际会计师联合会的国际审计准则本土化。外资企业也可以使用外资企业母国财务报告准则编制财务报表，并由母国注册会计师审计和出具审计报告，如果母国会计师事务所在斯里兰卡有成立分所，也可以由其提供审计服务。

17. 塔吉克斯坦

塔吉克斯坦位于中亚东南部，国土面积为 14.31 万平方公里，2022 年人口约为 1007 万。2022 年，塔吉克斯坦的 GDP 约为 104.92 亿美元。

塔吉克斯坦财政部是该国的国家会计准则制定机构，并且已经与 IFRS 基本趋同，企业可以执行 IFRS 或本国会计准则。塔吉克斯坦并未自己制定本土审计准则，而是直接执行国际审计与鉴证准则委员会的国际审计准则。塔吉克斯坦财政部是塔吉克斯坦上市公司和非上市公司的主要监管机构，同时，也是该国会计师事务所和注册会计师的主要监管机构。塔吉克斯坦规定，上市公司需要执行 IFRS，非上市公司则可以在 IFRS 或本国会计准则中进行选择。

18. 泰国

泰国属于东南亚国家，位于中南半岛中南部，国土面积为 51.3 万平方公里，2022 年人口约为 6609 万，以泰族为主，泰族人口约占总人口的 40%。经济上，泰国属于外向型经济国家，是传统农业国，也是世界上最大的天然橡胶出口国。2022 年，泰国的 GDP 约为 4954.23 亿美元。

泰国的会计准则和审计准则制定机构都是会计职业联合会，其制定的泰国会计准则已经与 IFRS 基本趋同，审计准则也与国际审计准则趋同。证券交易委员会是该国上市公司的主要监管机构，性质上属于政府机构；非上市公司则主要由另一政府机构——商业部负责监管。泰国要求上市公司（包括在泰国上市的外国公司）和涉及公众利益的非上市公司执行泰国会计准则，其他非上市公司需要按照适用于此类实体的泰国会计准则编制财务报告。

19. 阿联酋

阿联酋位于阿拉伯半岛东部，国土面积为 83 600 平方公里，2023 年人口约为 1017 万，经济以石油生产和石油化工工业为主。2022 年，阿联酋的 GDP 约为 5070.64 亿美元。

阿联酋的会计准则制定机构比较特殊，是阿联酋经济部，但目前并未制定本地会计准则，当地的商业公司法要求所有公司（含上市公司与非上市公司）直接采用 IFRS。阿联酋审计署是审计准则制定机构，但同样也未公布本国审计准则向国际审计准则趋同的相关信息。阿联酋上市公司的主要监管机构是证券和商品管理局及迪拜金融服务管理局，其中，证券和商品管理局同时也是非上市公司的主要监管机构。将证券和商品统一由一个机构进行管理，这在国际上也是比较少见的。阿联酋规定，上市公司及外资企业、非上市公司都应该按照 IFRS 编制财务报表，中小企业允许按照中小企业 IFRS 编制报表。

20. 越南

越南属于东南亚国家，位于中南半岛东部，国土面积为 329 556 平方公里，2023 年人口约为 1.03 亿，京族人口约占总人口的 86%。越南属于发展中国家，工业、农业和第三产业结构趋向协调，国有经济为主导、多种经济成分共同发展。2022 年，越南的 GDP 约为 4088.02 亿美元。

越南财政部是越南上市公司和非上市公司的主要监管机构，其中，上市公司由越南财政部下设机构——国家监督管理委员会负责监管；非上市公司由越南财政部下设机构——会计和审计政策部负责监管。同时，会计和审计政策部还负责制定越南的会计准则和审计准则，其制定的越南会计准则以部分 IFRS 为基础，并要求上市公司和非上市公司都应该按会计准则执行；其制定的审计准则也尚未与国际审计准则趋同。关于 IFRS，越南要求国有银行必须执行 IFRS，允许商业银行选择执行 IFRS，并鼓励上市公司自愿补充披露按照 IFRS 编制的财务报表。根据现在的计划安排，越南拟于 2026 年实现与 IFRS 趋同。

4.2.2 欧洲地区

欧洲参与"一带一路"的国家，总体上可以区分为欧盟成员国和非欧盟成员国。对于欧盟成员国而言，上市公司都需要按照欧盟要求采用的 IFRS 编制财务报表，如奥地利、克罗地亚、捷克、爱沙尼亚、希腊、匈牙利、意大利、立陶宛、卢森堡、马耳他、波兰、葡萄牙、罗马尼亚、斯洛伐克、斯洛文尼亚。但是，非上市公司则不一定遵循 IFRS。例如，奥地利只允许非上市公司编制合并财务报表时遵循 IFRS，非上市公司的个别报表则需要遵循奥地利本国会计准则；克罗地亚要求金融机构和大型企业都执行IFRS，其他企业执行本国会计准则；捷克规定比较特殊，非上市公司的母公司如果执行IFRS编制合并报表，则该非上市公司允许按照IFRS编制个别报表，其他公司则需要执行本国会计准则；爱沙尼亚的非上市公司可以在本国会计准则或IFRS之间进行选择；希腊的金融机构、符合公众利益实体的公司及一定规模的上市公司子公司需要执行IFRS，其他公司则允许在本国会计准则或IFRS之间进行选择；匈牙利非上市公司需要执行本国会计准则，同时允许自愿补充IFRS编制的财务报表，但金融机构必须执行IFRS；意大利的金融机构必须执行IFRS，非金融机构的小型企业只能遵循本国会计准则，其他非上市公司允许采用IFRS；等等。

对于非欧盟成员国而言，上市公司需要执行IFRS的国家包括阿尔巴尼亚、白俄罗斯（上市公司及银行、保险及非银行的金融机构等）、北马其顿、摩尔多瓦、俄罗斯、塞尔维亚、土耳其、乌克兰等；非上市公司需要执行本国会计准则的国家包括阿尔巴尼亚（其本国会计准则与中小企业IFRS相似）、白俄罗斯（同时鼓励自愿补充披露按照IFRS编制财务报表）、北马其顿等。

在非欧盟成员国中，要求上市公司执行本国会计准则的国家主要是波黑（但已经实现对IFRS的本土化）。

由此可见，欧洲大部分国家都要求上市公司和金融机构执行IFRS，但对非上市公司的要求却存在明显差异，有些国家强制执行IFRS，有些国家允许选择IFRS，有些国家则要求必须执行本国会计准则。

4.2.3 大洋洲地区

大洋洲参与"一带一路"的国家目前有十余个，其中新西兰位于太平洋西南部，国土面积约为27万平方公里，2023年人口约为530.6万，以欧洲移民后裔为主。新西兰属于发达国家。2022年，新西兰的GDP约为2481.02亿美元，经济结构以农牧业为主，新西兰出口产品中的50%是农牧产品。

新西兰的会计准则和审计准则制定机构都是外部报告委员会，外部报告委员会授权新西兰会计准则委员会和新西兰审计准则委员会分别制定新西兰会计准则和审计准则，但这两套准则都分别已经与IFRS和国际审计准则完全趋同，仅对会计准则增加了一些本土化要求。相应地，新西兰要求上市公司也执行与IFRS趋同的新西兰会计准则；非上市公司则根据营利性质和规模大小区别对待，具有公众责任的营利实体及总支出规模超过3000万新西兰元的公共部门实体，要求与上市公司相同，其他营利实体在执行新西兰会计准则时可以减少部分披露要求。上市公司还要受到金融市场管理局和贸易部的监管；贸易部同时也是非上市公司的主要监管机构。

4.2.4 非洲地区

1. 埃及

埃及国土面积为 100.1 万平方公里，2023 年人口约为 1.05 亿。经济上，埃及属于开放型市场经济，拥有相对完整的工业、农业和服务业体系，以服务业为主，其生产总值约占 GDP 的一半。2022 年，埃及的 GDP 约为 4767.48 亿美元。

埃及的会计准则制定机构是会计准则委员会，审计准则制定机构是审计监管委员会。埃及会计准则在租赁、收入和金融工具等方面的会计准则从 2020 年起已经和 IFRS 基本没有差异，其他准则还存在一些差异；审计准则与 2005 年版的国际审计准则相似。金融管理局是其上市公司主要监管机构，贸易与工业部及投资和国际合作部是非上市公司的主要监管机构。上市公司和非上市公司都需要执行本国会计准则，但外资上市企业则执行 IFRS。

2. 肯尼亚

肯尼亚国土面积为 582 646 平方公里，人口约为 5402.75 万（2022 年数据），是撒哈拉以南非洲经济基础较好的国家。2022 年，肯尼亚的 GDP 约为 1134.20 亿美元。肯尼亚注册会计师协会是肯尼亚的会计准则和审计准则制定机构，这种安排在国际上也是比较少见的。早在 1999 年 12 月，肯尼亚就已经采用了 IFRS 和国际审计准则，2010 年起，采用中小企业 IFRS，非上市公司可以在两套准则之间进行选择，上市公司则必须执行 IFRS。肯尼亚资本市场管理局是其上市公司的主要监管机构，肯尼亚财政部是非上市公司的主要监管机构。

3. 尼日利亚

尼日利亚国土面积为 923 768 平方公里，2022 年人口为 2.18 亿。尼日利亚的经济支柱是石油，其他产业发展滞后。2022 年，尼日利亚的 GDP 约为 4726.25 亿美元。

尼日利亚的会计准则制定机构是尼日利亚财务报告委员会，审计准则制定机构是尼日利亚审计准则委员会，但会计准则和审计准则都已经分别执行 IFRS 和国际审计准则。上市公司由证券交易委员会监管，需要执行 IFRS；非上市公司由企业事务委员会和联邦税务局监管，根据企业规模大小按照要求执行 IFRS、中小企业 IFRS 或本国的中小企业会计指引。

4. 南非

南非国土面积为 1 219 090 平方公里，2021 年人口为 6014 万。经济上，南非是非洲经济最发达国家，但地区和城乡发展都不平衡。2022 年，南非的 GDP 约为 4052.71 亿美元。

南非会计准则委员会是南非的会计准则制定机构，但早在 2005 年，南非就要求上市公司执行 IFRS，非上市公司选择执行 IFRS 或中小企业 IFRS；南非审计师独立监管委员会是南非审计准则制定机构。上市公司由南非金融服务委员会和金融部门行为监督局监管，非上市公司主要由南非公司与知识产权注册局监管。

4.2.5 美洲地区

1. 智利

智利的会计师协会同时是其会计准则和审计准则制定机构，目前两套准则都已经分别执行 IFRS 和国际审计准则。智利的金融市场委员会是上市公司的主要监管机构，财政部是非上市公司的主要监管机构。上市公司需要执行 IFRS，非上市公司允许在 IFRS 和中小企业 IFRS 之间进行选择。

2. 古巴

古巴国家审计和会计局是其会计准则制定机构，会计准则正处于向 IFRS 趋同的过程中。古巴尚未设立证券交易机构，没有上市公司。

3. 委内瑞拉

委内瑞拉会计准则委员会是其会计准则制定机构，目前已经采用 IFRS 或中小企业 IFRS，审计准则也采用国际审计准则。委内瑞拉的上市公司主要由委内瑞拉证监局监管，非上市公司主要由委内瑞拉经济财政部监管。上市公司执行 IFRS；非上市公司中，金融机构、石油、能源和采矿业公司执行经过调整的 IFRS，其他非上市公司执行中小企业 IFRS。

4.3 代表性"一带一路"共建国家资本市场发展情况

参考 4.2 节的做法，本节也按照大洲，选取部分国家的资本市场发展情况进行简单的介绍。由于资料获取困难，本节也未涵盖"一带一路"共建所有国家的资本市场发展情况，所涉及的国家，相关信息也比较简略。

4.3.1 亚洲地区

1. 乌兹别克斯坦

"塔什干"共和国基金交易所是乌兹别克斯坦唯一的证券交易所，于 1994 年建立，2020年有会员单位200多家、上市公司105家，在乌兹别克斯坦各州设有分部。交易所的业务包括企业上市、预上市和未上市股份的交易；企业私有化股份交易；企业债券交易和回购系统；可用自由兑换货币进行交易。外国投资者可通过该交易平台购买股票，程序是先与投资中介（代理商）签订合同，在交易日前一个工作日缴纳不少于30%的预付款，完成交割后5日内缴清余款。根据乌兹别克斯坦总统卡里莫夫于2012年3月19日签署的总统令，韩国交易所自2014年起拥有该交易所25%的股份，韩国交易所负责"塔什干"共和国基金交易所现代化信息技术改造、软硬件升级和当地专业人员培训等。2021年，乌兹别克斯坦"塔什干"共和国基金交易所共完成交易71 489笔，同比增长98.2%；成交额为12 605.1亿苏姆（约合1.2亿美元），同比增长1.18倍。

2. 哈萨克斯坦

哈萨克斯坦的金融工具市场（哈萨克斯坦证券交易所）是伴随着1993年11月15日哈萨克斯坦发行本国货币——坚戈出现的。1993年11月17日，哈萨克斯坦国家银行与三家大型银行在阿拉木图共同创建了哈萨克斯坦证券交易所。2003年7月2日，哈萨克斯坦颁布了《有价证券市场法》。目前，哈萨克斯坦证券交易所由四个部分构成，分别为外汇市场、国家有价证券市场（包括国际有价证券）、债券市场和衍生金融工具市场，但交易规模总体较小。为吸引更多海外资金，2017年，作为阿斯塔纳国际金融中心（Astana International Financial Centre，AIFC）的组成部分，阿斯塔纳国际交易所（Astana International Exchange，AIX）在阿斯塔纳成立并启动运营，努力为国有资产私有化、"一带一路"项目融资、债券发行等业务提供平台，其股东包括阿斯塔纳国际金融中心、高盛集团、上海证券交易所、丝路基金有限责任公司和纳斯达克证券交易所等。

3. 阿塞拜疆

阿塞拜疆证券交易市场起步于2000年，巴库金融交易所是股份制责任有限公司，目前也是阿塞拜疆唯一的证券交易所。此外，阿塞拜疆还有一家随私有化进程而建立的阿塞拜疆信托中心，也是股份有限公司性质，其主要职能是代客户保管有价证券，同时也可代理客户进行部分有价证券交易。阿塞拜疆证券交易市场现在发行的金融工具主要有短期国债、短期央行票据、企业债券、公司股票和回购交易等。目前，巴库金融交易所与多家公司就首次公开募股事宜进行商谈。2022年一季度，阿塞拜疆证券交易市场交易额为52.8亿马纳特（约合31亿美元），比上年同期增长23.7%。完成交易2971笔，同比增加4.8%。阿塞拜疆现行法律规定，外国法人和自然人可投资短期国债、公司股票和企业债券。

4. 沙特阿拉伯

沙特阿拉伯拥有 1 家证券交易所，即沙特证券交易所（Tadawul）。沙特证券交易所拥有中东地区最多数量的蓝筹公司。2020 年 5 月 28 日，沙特阿拉伯上市公司总数 200 家，沙特阿拉伯综合指数（Tel-Aviv Stock Index，TASI）为 7050.66 点。2019 年 3 月 18 日，沙特阿拉伯股票价格指数被正式列入富时罗素新兴市场指数。沙特证券交易所是中东地区最大的股票市场，也是重要的新兴市场区域平台。根据世界交易所联合会数据，截至 2023 年 8 月，沙特证券交易所上市公司总数达 228 家，市值约 3.2 万亿美元，为全球第九大证券交易所。

2015 年 4 月，沙特阿拉伯资本市场管理局（Capital Market Authority，CMA）宣布，从 2015 年 6 月 15 日起，向外国企业和投资者开放股票市场，同时需满足以下条件：①外国投资者的固定资产不少于 50 亿美元（下限为至少 30 亿美元），在股票市场的从业时间不短于 5 年；②不允许外国持证股民及其所属公司购买任何一家上市公司的股票份额超过 5%；③任何一家上市公司中外国投资者联合体（包括居民、非居民、互换协议和持证股民）的股权上限为 49%；④不允许外国持证股民联合体拥有任何一家上市公司股权超过 20%；⑤通过互换协议或外国持证股民进入市场的上限为股市市值的 10%。沙特阿拉伯允许外国投资者通过合法中介公司在其股票市场购买股票。而在此之前，除了通过共同基金外，只有海湾阿拉伯国家合作委员会成员国的居民才可以直接投资沙特阿拉伯公司。

5. 东盟国家

东盟主要成员国各自拥有资本市场和证券监管制度。在东盟证券市场的发展和监管上，一方面，东盟各成员国有着自身特殊性，所处发展阶段和发展水平存在较大差异；另一方面，也呈现出一体化趋势。证券市场一体化是东盟经济一体化的重要组成部分。根据东盟经济共同体的规划蓝图，东盟实现资本市场一体化的具体目标包括资本可以自由流动，公司可以在区域内任何一个资本市场发行证券筹资，投资者可以自由选择区域内的任何资本市场进行投资。2011 年 4 月，六个东盟国家（印度尼西亚、马来西亚、菲律宾、新加坡、泰国和越南）建立区域股票市场，把主要交易所连接起来，正式成立东盟国家交易所。2012 年 9 月 18 日，这六个东盟成员国正式启动证券交易平台对接项目。近年来，马来西亚、新加坡、泰国的证券交易市场对整个东盟证券交易市场具有主导作用。东盟证券市场一体化有利于深化东盟国家间的金融合作，扩大企业直接融资规模，促进区域内资源自由流动和资本有效配置。同时，区域资本市场的合作也能够倒逼各国完善市场环境和政策规范，消除金融监管壁垒，以进一步推动区域经济一体化进程。鉴于东盟区域金融的巨大发展潜力，东盟证券市场一体化进程也吸引发达经济体参与其中。例如，韩国证券交易所参股援建老挝证券交易所和柬埔寨证券交易所，东京证券交易所援助建立缅甸证券交易所，澳大利亚近年来也加强对东盟证券市场的发展援助和合作。

东盟六国中，菲律宾位于亚洲东南部。国内经济主要为出口导向型经济，对外部市场有较大的依赖。第三产业在国民经济中地位突出，农业和制造业占比也较重。2015年以后，其经济保持高速增长，但也面临通货膨胀、政府财力不足等问题。菲律宾证券交易所（Philippine Stock Exchange，PSE）是菲律宾唯一的证券交易市场，经营股票、期货、债券交易。截至2022年12月15日，菲律宾证券交易所共有286家上市公司，市值约2955.3亿美元。

马来西亚大力推行出口导向型经济，其中，电子业、制造业、建筑业和服务业发展迅速。其资本市场规模也不断扩大，呈现出以股票市场为主、债券市场高速发展的状态。马来西亚交易所（Bursa Malaysia Berhad，BMB）是马来西亚唯一的股票交易市场，经营股票、债券、衍生品等，分为主板市场和创业板市场两部分。截至2022年3月，马来西亚交易所主板市场共有784家上市企业，创业板市场共有142家上市公司。按照债券市场规模与GDP之比计算，马来西亚债券市场的规模在亚洲地区名列前茅。

2017年6月，中国银河证券股份有限公司与马来西亚联昌集团签署股权买卖协议，联昌集团将海外证券业务五成股权以5.15亿马币的价格售予中国银河证券股份有限公司。2020年4月，深圳证券交易所与马来西亚交易所签署合作备忘录，双方将进一步拓宽跨境合作领域和渠道，共同发挥中马资本市场枢纽作用，增强市场信心，服务两国实体经济，深化"一带一路"建设务实合作。

6. 阿富汗

阿富汗地处中亚、西亚和南亚的交会处，由于长期战争和社会动荡，其国内的交通、通信、工业、教育和农业基础设施遭到严重破坏，是目前世界上最不发达的国家之一。历经40多年战乱，交通、通信、工业、教育和农业基础设施遭到严重破坏，经济发展困难，严重依赖外援，财政入不敷出，资本市场发展极其缓慢，至今尚未开设证券市场。

7. 马尔代夫

马尔代夫是一个经济结构较为单一的国家，主要将旅游业、船运业作为其经济支柱，资源贫乏、严重依赖进口，经济基础较为薄弱。2011年以前，马尔代夫曾被列为世界最不发达国家。经过多年努力，其经济发展取得一定的进步，成为南亚地区人均GDP最高的国家。根据2006年《马尔代夫证券法》，马尔代夫成立了资本市场发展局(Capital Market Development Authority，CMDA)，负责监管和发展马尔代夫资本市场。其法定职能包括：①资本市场的监督和管理；②促进和监督马尔代夫股票交易；③促进和监督马尔代夫证券托管；④颁发许可及监督市场中介机构；⑤确保对市场机构和经营许可人的正确引导；⑥制定政府对资本市场发展和管理的政策及意见；⑦寻求有助于资本市场的发展和增长的策略。马尔代夫目前尚无面向公众的债券市场，由马尔代夫中央银行代表政府向商业银行和国有企业发行国债，马尔代夫住房发展金融公司也曾向上述机构投资者发行企业债。

8. 蒙古国

蒙古国国民经济对外依存度较高，国内产业主要包括矿业、农牧业、交通运输业和服务业等。蒙古国曾长期实行计划经济，1991年开始向市场经济过渡。1997年之后，政府正式实行国有资产私有化方案，目的在于让私营经济占据国家经济的主导地位。但蒙古国证券市场还处于初步发展阶段，蒙古国证券交易所是蒙古国唯一的证券交易市场，成立于1991年。2022年末，蒙古国股票交易量为1.685亿美元，同比减少58.9%；证券交易次数共6.036亿笔，同比减少26.25%。

9. 孟加拉国

近年来，孟加拉国经济保持快速发展势头，是南亚第二大经济体，有望于2026年脱离最不发达国家行列。孟加拉国资本市场发展缓慢，证券交易委员会是孟加拉国资本市场的管理机构，依据1993年《证券交易委员会法》行使职权，对参与资本市场经营活动的机构实施管理。达卡证券交易所是孟加拉国最大的证券交易所（另一家为吉大港证券交易所，2022年市场份额仅占5%）。截至2022年6月，达卡证券交易所的上市公司市值为562亿美元。上市公司共有350家，国债222只，共同基金36只，次级债券8只，公司债券9只。从2021年7月初至2022年6月底，上市公司总交易额为347亿美元。2018年5月，由中国深圳证券交易所和上海证券交易所组成的联合体正式收购达卡证券交易所25%的股份。

10. 尼泊尔

尼泊尔是一个以农业生产为主的国家，经济落后，也是世界上最不发达国家之一。20世纪90年代初，尼泊尔开始实行以市场为导向的自由经济政策，但由于政局动荡和基础设施薄弱，效果不佳。尼泊尔对外援的依赖程度较高，预算支出中的1/4都来自外国捐赠和贷款。尼泊尔证券交易有限公司（Nepal Stock Exchange Limited，NEPSE）是尼泊尔唯一的证券交易市场，于1994年1月13日开业。截至2020年4月21日，尼泊尔共有255家上市公司，尼泊尔证券交易有限公司指数达到1251.45点，股票交易量约为48万股，总市值约为1.6万亿卢比。目前，尼泊尔证券市场上可以进行交易的证券种类包括股票（权益股和优先股）、债券、政府债券、共同基金。

11. 斯里兰卡

斯里兰卡是一个以种植园经济为主的国家，工业基础薄弱，以农产品和服装加工业为主。在南亚国家中，斯里兰卡率先实行经济自由化政策，逐步形成市场经济格局。斯里兰卡股票市场起步于 1896 年英殖民时代。1985 年，科伦坡证券交易所（Colombo Stock Exchange，CSE）成立，目前是斯里兰卡主要的股票交易场所。截至 2020 年 1 月，科伦坡证券交易所共有 290 家上市公司，总市值为 27 481 亿卢比（约合 152.6 亿美元），主要指数有全股指数和标普斯里兰卡 20 指数。斯里兰卡股票市场对外开放，外国投资者可在当地市场进行股票融资，也可以通过商业银行账户任意买卖，账户数量不受限制。

12. 泰国

泰国实行外向型经济，对中国、美国、日本等外部市场的依赖程度较高，是传统的农业国，农产品是其外汇收入的主要来源之一，实行自由经济政策。泰国证券交易所（Stock Exchange of Thailand，SET）是泰国唯一的证券交易市场，于 1975 年 4 月开始正式运行，负责二级市场交易，由泰国财政部下属的证券交易委员会负责监管。此外，泰国还设有中小企业交易板块。截至 2020 年 3 月，共有 555 家企业在泰国证券交易所上市，169 家企业在中小企业交易板块上市。

证券交易委员会是泰国上市公司的主要监管机构，根据《证券交易法》，证券交易委员会负责监督和发展泰国资本市场，以确保效率、公正和信息完整。

13. 文莱

文莱是一个经济结构单一的国家，国内经济主要以石油天然气产业为支柱，其余产业均不太发达，资本市场至今未形成体系，截至 2022 年，文莱暂无证券市场。

14. 新加坡

新加坡是亚太地区重要的贸易、金融、航运中心，也是全球经济最具活力、前景持续向好的发达经济体之一。新加坡具有比较良好和完善的资本市场环境。新加坡证券交易所（Singapore Exchange Limited，SGX）成立于 1999 年 12 月，由前新加坡股票交易所和新加坡国际金融交易所合并而成。2000 年 11 月，新加坡证券交易所成为亚太地区第二家通过公开募股和私募配售方式上市的交易所，也是亚洲首家实现电子化及无场地交易的证券交易所，其业务包括股票与股票期权、凭单与备兑凭单、债券与抵押债券、托收票据、挂牌基金、挂牌房地产信托基金以及长、短期利率期货与期权等。截至 2020 年 4 月末，新加坡证券交易所共有上市企业715家，市值为8021.79亿新加坡元。

15. 伊朗

德黑兰证券交易所（Tehran Stock Exchange，TSE）是伊朗最大的证券交易所，也是中东地区一个重要的资本市场。2004年，德黑兰证券交易所在11个省会城市设立新的证券交易中心，农产品首次上市交易。当年，德黑兰证券交易所有上市企业423家，股票交易量达142.7亿股，交易额约为114亿美元，股市资本增至387.547万亿里亚尔（约合430亿美元），较上年同期分别增长81.10%、55.80%和20.15%。2005年以来，因受保守派控制内阁、伊核问题动摇投资者信心和世界金融危机影响，德黑兰证券交易所发展一度趋缓，但2009年该交易所又出现了恢复性发展，上市公司数量达337家，市值达到586.980亿美元。2014年11月，伊朗证券交易组织宣布伊朗即将开放外汇交易市场。2017年5月20日，随着鲁哈尼胜选连任，德黑兰证券交易所综合指数一举突破81 000点的整数关口位。2018年6月17日，该指数突破10万点，收于102 452点；2019年4月15日，该指数突破20万点，收于201 805点。2020年，尽管伴随着新冠疫情和美国制裁，但受伊朗国内货币超发、通胀高企、汇率贬值等因素影响，社会寻求避险资产导致股市持续虚热。德黑兰股票交易所综合指数在年中一度突破200万点的历史高位，财年内涨幅超过200%，创造历史纪录。

16. 印度尼西亚

印度尼西亚是东盟最大的经济体。1980年，印度尼西亚仅有6家上市公司。1996年，印度尼西亚颁布《资本市场法》；2002年，印度尼西亚颁布《有价证券法》；2007年，雅加达及泗水两家证券交易所合并成立由印度尼西亚金融局管辖的印度尼西亚证券交易所。

印度尼西亚证券交易所的板块主要分为以下三种：主板、发展板和加速板。截至2021年9月，印度尼西亚证券交易所拥有750家上市公司，股票投资者总数约为640万户。根据印度尼西亚金融服务管理局统计数据，截至2021年8月，印度尼西亚资本市场规模达到7395.89万亿印度尼西亚盾（约为5145.30亿美元），在东盟各成员国中仅屈居于新加坡之后，排名第二；平均日成交量为251.68亿股，平均日成交金额达到13.80万亿印度尼西亚盾（约为9.68亿美元），平均日成交频率为154万次。

17. 越南

越南属于发展中国家，自1986年实行革新开放以来，越南经济保持较快增长，经济总量不断扩大，资本市场尚处于发展初期。目前，越南有两个证券交易市场，分别是胡志明市证券交易所和河内证券交易所。2015年6月26日，越南政府颁发的第60/2015/ND-CP号议定已明确规定，允许外商无限量购买不从事法律规定限制外资持股比例的领域和行业的越南上市公众公司股份和政府债券及企业债券。2016年7月1日，越南进一步颁布第86/2016/ND-CP号议定，明确外国机构持股越南证券公司股权51%及以上应满足的条件（包括收购股权要经股东大会批准及提供符合越南国际会计准则最近一年的财务报表等）。

2017年8月10日，越南衍生证券市场开市，在优化越南证券市场结构并为投资者提供风险防范工具进程中迈出了重要的一步。越南证券市场自开设以来一直保持快速增长势头，被评为东南亚地区增长速度最快的五大证券市场之一。截至2022年底，越南证券市场市值约2196.6亿美元，相当于同年GDP的55%，较上年同期下降32.7%，共有上市交易企业2133家。随着越南推进国有企业改革，越南航空业、金融业、零售及石油等大型国企股份先后上市交易，2019年，外国投资者在股票和基金证券市场上净买入大约75.2万亿越南盾，使外国投资者在股票市场总投资额达到364亿美元，创有史以来最高水平。国家证券委员会是越南上市公司的主要监管机构，主要职责包括：提请越南财政部批准设立、暂停或关闭证券交易中心、证券交易所、证券中央保管机构及其他有关证券交易机构；根据适用法律和越南财政部的规定，制定专业标准、程序和技术规范；对参与证券市场的组织和个人进行检查与监督，对违反证券市场的行为进行处罚等。

18. 阿联酋

阿联酋自然资源丰富，商业环境宽松，经济开放度高，其中，石油是其支柱产业，使其成为海湾地区第二大经济体和世界上最富裕的国家之一。阿联酋主要有三家证券交易市场，分别是阿布扎比证券交易所（Abu Dhabi Securities Exchange，ADX）、迪拜金融市场（Dubai Financial Market，DFM）和纳斯达克迪拜证券交易所。其中，纳斯达克迪拜证券交易所主要从事国际股权融资、债券、金融衍生品、基金等交易，而阿布扎比证券交易所和迪拜金融市场主要负责阿联酋本土企业股票上市交易，三家交易市场由电子网络连接，方便交易者及时获得信息。所有的上市公司和股票代理经纪公司统一由阿联酋证券与商品管理局负责审查。截至2020年底，阿布扎比和迪拜证券市场市值1.1万亿第拉姆同比增长19.6%。

此外，阿联酋还有一个商品期货交易市场，即黄金商品交易市场，该市场位于迪拜多种商品交易中心，于2005年11月开始运营。阿联酋股市允许外国人投资，但外国人占股比例不得超过49%，具体投资比例由上市公司自行规定。

证券与商品管理局和迪拜金融服务管理局是阿联酋上市和非上市公司的主要监管机构。前者负责管理和监督迪拜金融市场和阿布扎比证券交易所；后者主要负责管理和监督在迪拜国际金融中心（阿联酋境内依法设立的特区，拥有自主司法管辖权和独立于阿联酋的法律体系）注册和经营的企业，在监管区域内推行法律和相关条例，打击监管区域内洗钱行为，发展和规范迪拜国际金融中心的金融服务。

19. 阿曼

阿曼实行自由和开放的经济政策，利用石油收入大力发展国民经济。1988年6月，阿曼成立了马斯喀特证券市场（Muscat Securities Market，MSM），该证券市场集市场管理和经营于一体。1998年11月，随着新《资本市场法》的施行，阿曼政府成立了资本市场监管局（Capital Market Authority，CMA），负责市场监管。原来的马斯喀特证券市场只提供证券交易场所。2007年1月，资本市场监管局颁布了《证券发行人披露与内部交易规则与指南》。马斯喀特证券市场加入了国际证券委员会组织，并与道琼斯公司联合推出了道琼斯马斯喀特证券综合指数和道琼斯马斯喀特证券琼斯指数。阿曼证券市场对外国企业开放，在资金流动和利润汇出等方面没有限制。截至2023年底，马斯喀特证券市场共有上市公司100多家，总市值为500.6亿美元。

20. 科威特

科威特是中东地区重要的资源大国，法律健全，市场需求较大，开放水平居中东地区前列，近年来经济保持平稳增长。科威特证券交易所是继沙特证券交易所之后，阿拉伯世界中第二大交易所。海湾战争结束后，该交易所重新开张。截至2020年3月，科威特证券交易所总市值已达77亿第纳尔（约合254亿美元）。

2000年8月，科威特议会颁布了《外国资本间接投资法》，除银行外，允许外国投资者拥有上市公司100%的股份；同时，允许非科威特投资者持有和买卖银行的股票。经中央银行批准，非科威特投资者可以持有一家银行5%至49%的股份。科威特证券市场运行较为良好，在资金配置和推动产业结构调整和升级方面，发挥着举足轻重的作用。目前，科威特股市分为13个行业，分别是银行业、基本材料业、消费品行业、消费服务业、金融服务业、医疗保健业、工业、保险业、油气行业、房地产业、科技行业、通信业、公用事业。

21. 柬埔寨

2011年7月11日，柬埔寨证券交易所在金边成立，这是柬埔寨历史上首家证券交易所。柬埔寨证券交易所由柬埔寨政府与韩国证券公司合作成立，其中柬方持股55%，韩方持股45%。2012年4月18日，柬埔寨证券交易所正式开业。截至2023年5月，柬埔寨证券交易所共有18家上市公司，包括金边水务局、崑洲制衣厂、金边港口、金边经济特区、西哈努克港、爱喜利达银行和Pestech电力公司等。

22. 巴基斯坦

目前，巴基斯坦证券交易所（Pakistan Stock Exchange，PSE）是巴基斯坦唯一的全国性证券交易所，由原有分别设于卡拉奇、拉合尔和伊斯兰堡的三家证券交易所合并而来，产品涵盖股票、债券及衍生品。截至2021年底，巴基斯坦证券交易所共有531家上市公司，市值7.68万亿卢比（约合435亿美元），2021年日均交易额超过180亿卢比。巴基斯坦证券市场经营的主要业务包括股票、信托、共同基金、公司债券、政府证券等。在巴基斯坦，网上交易已经开通，投资者可以在网上买卖股票。

巴基斯坦证券市场对外资完全开放，外国投资者享有和本国投资者同等权利，且资本可以自由汇出。巴基斯坦证券交易所交易活跃，利润可观，吸引了大量外国资本。2016年12月，中国金融期货交易所、上海证券交易所、深圳证券交易所等联合发布公告称中国金融期货交易所、上海证券交易所、深圳证券交易所、中巴投资有限责任公司及巴基斯坦哈比银行组成的联合体成功竞得巴基斯坦证券交易所40%的股权，其中，中方三家交易所将持股30%。

23. 韩国

韩国资本市场发展相对较早，监管和运作经验相对丰富，风险控制能力相对较强。韩国证券交易商协会自动报价系统（Automatic Quotation System for Korean Securities Dealers，KOSDAQ），是1996年7月韩国依照美国纳斯达克市场模式，设立的以高科技企业、中小型风险企业为主要对象的创业板市场。韩国中小企业股票市场（Korea New Exchange，KONEX）是为了支持中小企业发展，于2011年新成立的中小企业板股市，上市条件较为宽松，着力建立风险投资的良好循环生态，鼓励兼并重组及收购。

2005年1月，韩国将之前分散运营的证券交易所、期货交易所、KOSDAQ委员会、KOSDAQ证券市场等进行整合，成立证券期货交易所，2009年2月改名为韩国证券期货交易所（Korea Exchange，KRX），是韩国证券、期货、期权等金融交易的综合平台。目前，韩国证券市场已较为成熟，国际化和开放度较高，资金出入方便。截至2022年底，韩国主板市场报收2236.4点，同比下降24.9%；韩国创业板市场报收679点，同比下降34.3%。截至2023年6月底，在韩国主要和二级交易所上市的2599家公司的市值总计为2388万亿韩元（约合1.87万亿美元），比年初增长18.7%。

24. 缅甸

缅甸资本市场发展缓慢，证券市场起步较晚，2016年3月25日，缅甸首家证券交易所——仰光证券交易所正式开盘交易。截至2023年，仰光证券交易所共有 8 家上市公司。仰光证券交易所开市以来交易持续低迷，仅在第一个月指数高于初始水平（1000），此后指数一路下跌，2020 年 5 月指数在 470 点附近。在交易方面，除开市第 1 个月外，日交易量基本在 5 万股以下水平波动，日均交易额不足 50 万元人民币。2022~2023 财年，7 家上市公司共交易股票 175 万股，交易额 75 亿缅币，市场投资额达 6434.7 亿缅币。截至 2023 年，仰光证券交易所投资人已达 4.5284 万。

仰光证券交易所运营商为仰光证券交易合资公司，该公司 51%的股份属于缅甸财政部下属的缅甸经济银行，49%属于日本合资者。该交易所由日本交易所集团和大和证券集团两家日本公司出资协助缅甸建立。日本金融厅协助缅甸成立证券监管机构。随着缅甸新《公司法》的生效（在新《公司法》下，外资直接或间接拥有或控制的所有者权益不高于 35%的公司都可被视为本地公司），外资有机会参与到证券交易中。2022 年 3 月，缅甸证券交易委员会宣布，仰光证券交易所自 2023 年 3 月 20 日起，允许常驻和非常驻外国人开设证券账户进行股票交易。

25. 老挝

老挝证券交易所是目前世界上规模最小的资本市场之一。2010 年 10 月 10 日，老挝证券交易所在万象举行挂牌仪式，2011 年 1 月 11 日正式开盘，仅有 5 只股票。2013 年 11 月 16 日，由中国太平洋证券股份有限公司与老挝农业促进银行、老挝信息产业有限公司合资成立的老-中证券有限公司开业，成为继老-越、老-泰证券公司之后，老挝第三家合资证券公司。截至 2021 年 5 月，老挝证券市场市值仅为 0.1 亿美元，市场交易极度不活跃。

4.3.2 欧洲地区

1. 乌克兰

根据 1991 年乌克兰《证券和股票市场法》形成的乌克兰证券和股票市场，乌克兰股票市场指数起始于 1455.5 点。根据 1995 年 6 月 12 日总统令，乌克兰建立了国家证券和股票市场委员会，管理股票和国债、企业债交易。乌克兰证券交易所是其国内最大的证券交易市场，2018 年其交易额占全国证券交易总额的 96%，乌克兰证券交易所基准指数也是反映全国证券市场情况的主要指标。2020 年 4 月 30 日，乌克兰证券交易所基准指数为 500.38，与上一年持平。

2. 摩尔多瓦

摩尔多瓦的有价证券市场起步较晚，但发展迅速。摩尔多瓦的证券交易所于 1995 年 6 月开始经营有价证券业务，在首都基希讷乌开办了第一家股票交易所。

2000年，证券交易所的业务已全部纳入自动化系统。摩尔多瓦的有价证券市场由独立的国家有价证券市场委员会进行调控。该委员会的主要职能是监督摩尔多瓦证券市场，受其监控的证券机构包括中介机构和经纪人、独立注册员、投资基金和信托公司及证券和股票评估组织。为保证证券市场的透明度，摩尔多瓦每周发布一次证券市场信息快讯，报道国有证券在二级证券市场上的总交易量。同时，国家银行指定商业银行发行有价证券，并在该领域与国家有价证券市场委员会进行合作。

1995年，摩尔多瓦开始发行有价证券，分为国家有价证券和公司有价证券两种。另外，摩尔多瓦还通过上市和转让账面记录形式发行国家证券。有兴趣购买国家有价证券的投资者，可以通过任何一个持有摩尔多瓦国家银行的原始经纪人许可证的摩尔多瓦商业银行来购买。身为原始经纪人的银行可以帮助外国投资者得到摩尔多瓦财政部发放的购买国家有价证券的许可证。

外国投资者也可以购买公司的股份。1999年，摩尔多瓦成立国家证券委员会，全权负责制定证券市场的交易规则，规范证券市场。国家证券委员会是独立的公共管理机构，它的主要任务是制定和实施发展证券市场的政策，无权取消可疑的或非法的交易。

摩尔多瓦发行的有价证券只能在证券市场进行交易。有些证券可在上级市场进行交易，但上级市场必须在上一级证券市场进行注册登记。摩尔多瓦不允许投资基金和信托公司之间进行兑换交易。为保护信托公司执盘人的权利，摩尔多瓦对信托公司从账户上取走的资金额度做出了限制。摩尔多瓦规定上市的投资基金不能超过20家。从1998年7月起，投资基金没有为再投资融资的义务，也不得用收入进行再投资。

3. 斯洛伐克

布拉迪斯拉发证券交易所（Bratislava Stock Exchange，BSSE）成立于1991年，1993年4月开始交易，是斯洛伐克唯一的证券交易市场，经营股票、期货、债券交易等。股票交易实行会员制，仅会员可以在该证券交易所直接进行交易。2004年6月1日，BSSE成为欧洲证券交易所联合会正式会员。该证券交易所的注册资本为1140万欧元，斯洛伐克国有资产基金会是其最大股东，占75.94%的股份。其他股东还包括捷克斯洛伐克商业银行（占股11.77%）、安联-斯洛伐克保险公司（占股5.07%）及斯洛伐克邮储银行（占股3.93%）等。2021年BSSE总交易额2.04亿美元。其中债券是交易最频繁的金融工具，占据所有操作数量的95.1%。其股票总市值为1000万美元，债券总市值为1.94亿美元。

4. 葡萄牙

葡萄牙证券交易市场是泛欧股市里斯本交易所，经营股票、期货、债券、投资凭证、衍生工具的交易。葡萄牙股市的指数有葡萄牙证券 20 指数（Portuguese Stock Index 20，PSI20）和葡萄牙证券 Geral 指数。PSI20 为成份股，涉及葡萄牙最主要的 20 家上市大型企业。PSI20 与比利时 20 指数、巴黎券商公会指数及阿姆斯特丹证券交易所指数（Amsterdam Exchange Index，AEX）等共同组成了泛欧证券集团的主要成份股指数。PSI20 产生于 1993 年，2023 年成份股占上市公司总市值的比例超过 80%，涵盖的行业有公共事业、石油、天然气、零售、银行、媒体及通信行业。

5. 捷克

布拉格证券交易所于 1992 年 11 月成立，1993 年 4 月开始进行有价证券交易。布拉格证券交易所采取会员制，任何交易都须通过会员进行，交易方式为电脑撮合，公司上市需要向交易所提供上市前一年年报及连续三年经过审计的财务报表，经交易所批准后方可上市交易。为使证券市场交易更加透明和简易，布拉格证券交易所于 1995 年 9 月规定，证券（包括股票、债券等）发行可在主板市场、二板市场、自由市场及新市场等四个市场进行，每个市场都有自己的上市条件。新市场是二板市场的一部分，主要为成立时间不长，但具有高成长性的企业提供融资服务，现有少数股票上市交易，并以欧元进行交易结算。

目前，布拉格证券交易所采用 PX50 交易指数，另外，还公布了 19 种按照行业划分的行业指数，如金融类、电力类、化工类指数等。

6. 波兰

华沙证券交易所（Warsaw Stock Exchange，WSE）于 1991 年成立，是波兰唯一的证券交易市场，经营股票、期货、债券交易、投资凭证、衍生工具和期货交易，是中东欧地区仅次于维也纳证券交易所的第二大证券交易市场，在股票价格指数期货交易量方面，华沙证券交易所成为继欧洲期货交易所、纽约泛欧交易所、纳斯达克 OMX 集团之后的第四大交易所。

2010 年 9 月，华沙证券交易所本身公开发行股票，成为上市公司。2012 年并购能源交易所，可进行天然气交易。截至 2020 年 3 月，共有 447 家企业在华沙证券交易所上市，其中，外国公司有 48 家，总市值为 7819.6753 亿兹罗提。波兰的股票市场 WIG20 指数在 2020 年 3 月 1 日达 1512.84，相较于 2020 年 2 月 1 日的 1768.91 有所下降。WIG20 指数数据按月更新，1996 年 2 月 1 日至 2020 年 3 月 1 日，WIG20 指数平均值为 2168.5，共 280 份观测结果。该数据的历史最高值出现于 2007 年 10 月 1 日，为 3877.62，而历史最低值则出现于 2001 年 9 月 1 日，为 1022.62。

7. 奥地利

奥地利的证券市场国际化程度高，与其他欧洲国家一样，资本流动受到周边发达证券市场（如英国、德国）的排挤，市场效率不高，交易规模小，税收收入少。奥地利证券交易税制度的框架较为健全。长期以来，奥地利政府对证券市场既征收证券交易税，又征收资本利息税。奥地利的证券交易所在首都维也纳，市场规模不大。维也纳证券交易所是中东欧地区最主要的交易市场，其代码为ATX，交易结果以ATX指数表示。

8. 土耳其

土耳其是继中国、俄罗斯、印度、巴西和南非等"金砖国家"之后又一蓬勃发展的新兴经济体。土耳其证券市场的起源可以追溯到19世纪50年代，最初主要是债券交易。1985年伊斯坦布尔证券交易所（Istanbul Stock Exchange，ISE）正式挂牌成立。2013年4月3日，博尔萨伊斯坦布尔证券交易所（Borsa Istanbul Stock Exchange，BIST）成立，它整合了伊斯坦布尔证券交易所、伊斯坦布尔黄金交易所和土耳其衍生产品交易所，是目前土耳其仅有的证券交易所。外国基金进入土耳其投资股市免收增值税和所得税等。该交易所的运作机制和结构完全符合欧盟标准，为外国投资者提供一个服务优惠、交易自由、信息共享透明的环境。截至2021年5月，博尔萨伊斯坦布尔证券交易所上市公司共有468家，市值为1963.8亿美元。

4.3.3 大洋洲地区

新西兰证券交易所（New Zealand Exchange，NZX）审查、批准和监管的三个证券交易市场分别为主板、中小板和债券市场。截至2020年11月，新西兰证券交易所主板市场有138家上市公司，市值总计约为3394亿新西兰元；49家上市证券基金，市值总计约为327亿新西兰元。

新西兰是一个小而开放的经济体，经济形势的好坏是影响股市的主要因素。总体而言，新西兰证券规则透明、公平、合理，新西兰股市没有涨跌幅限制。由于自有资本不足，外资拥有60%至70%的新西兰股票。

新西兰证券交易所设立时是一个会员组织，作为成员的股票经纪人通过享受较低的交易费用而受益。2002年，该所成员投票决定对证券交易所改制，实行企业化。2003年5月，新西兰证券交易所诞生，其主要职责是对成员资格的审查批准。新西兰证券交易所的市场监察小组监管上市公司的行为，并负责新西兰证券交易所上市规定的实行和管理。新西兰证券交易所内的所有交易都必须通过股票经纪人，后者收取手续费。在新西兰证券交易所上市的公司必须具备以下条件：

①年销售额在 5000 万新西兰元以上；②至少有 500 名公众股东，且他们在每一列出类别的证券中所占的比例不得低于 25%。新西兰证券交易所目前有 3 个证券市场，以适应不同规模的公司的融资需要，也为投资者提供广泛的投资、交易产品。新西兰股票市场（New Zealand Stock Market，NZSM）是新西兰交易所的主板市场，历史最久，许多著名的新西兰公司在此挂牌，新西兰债券市场（New Zealand Debt Market，NZDM）提供一系列投资债券，包括公司债券、政府债券和固定收入债券的交易服务。该市场的目的是为公司和投资者提供多样性和高成长的投资产品。新西兰中小板市场（New Zealand Alternative Market 和 2015 年推出的 Next Market）针对的是发展迅速的中小企业，相对于主板市场来说，在该市场挂牌的要求比较宽松。

4.3.4 美洲地区

1. 秘鲁

利马证券交易所是南美主要证券交易所之一，其主要产品有股票、政府债券、企业债券等。其中，企业股票以矿业股为主。多年来，利马股市运行良好，盈利丰厚，深受欧美投资商追捧。秘鲁政府对外国企业进入利马证券市场基本没有限制。

2. 委内瑞拉

加拉加斯股票交易所是委内瑞拉最主要的证券交易市场，经营股票、期货、证券、投资凭证、衍生工具和期货等产品。其中，股市规模很小，其基准指数只有 11 家上市公司，包括银行、一家电信公司和一家钢铁产商。为抑制投机炒作、规范外汇交易，2010 年委内瑞拉政府干预或关闭了多家证券公司。2010 年 11 月，委内瑞拉政府宣布成立一家名为"Bolsa Pública de Valores Bicentenaria"的国有证券公司。该公司曾于 2011 年 1 月启动正式运营，直接由国家计划和财政部管辖，旨在为国有企业或国家机构、集体或社会所有制企业、混合企业、公共机构资产投资组合、社区组织协会、自治机构、中小型企业，管理其在国内证券市场所发行的证券。近年，因深陷恶性通货膨胀困境，委内瑞拉证券交易整体活跃程度不高。2019 年 11 月，委内瑞拉证监局在《官方文告》第 41743 期中发布新规，新设农产品证券交易市场，参与者的最低资本要求为 500 个税务单位。新市场的主要目标群体是缺乏信贷资源的农牧业生产者，交易价格将由市场自由决定。被授权的主要交易类型包括：农产品期货、期权交易；证券化资产交易，如发行证券、抵押债券等；该市场扩充了农产品交易的金融工具。交易最低保证金要求仅为 10 万税务单位。有破产和被国家接管记录的机构不得加入该市场。2020 年 2 月，委内瑞拉总统马杜罗宣布将允许委内瑞拉本地公司发行外币证券，用于公司融资需要。政府将做出相应监管和法律授权的规定，具体实施情况尚待观察。2022年5月，马杜罗总统宣布，为进一步促进委内瑞拉经济复苏，促进私营企业发展，政府决定逐步在证券交易所公开出售一批银行业、石化业和电信业中国有企业5%～10%的股份，欢迎国内外投资者积极购买。2022年6月，委内瑞拉第一大银行委内瑞拉银行第一批5%的股份已经开始在证券交易所公开出售。委政府出售国有企业股份的决定受到国内各界普遍肯定和欢迎，上述国企股价迅速得到提升，证券市场资金量增长较快。

3. 智利

智利主要股指是 IPSA40 指数，该指数是根据圣地亚哥证券交易所年度平均交易量最高的前 40 只股票信息编制而成的。随着证券市场改革的不断推进，智利资本市场近年来发展迅速，机构投资者总资产规模迅速增长，2010 年股票市场指数达到 5000 点，创下历史纪录。基金公司管理的共同基金数量由 2000 年时的不到 180 只增加至 500 多只。公司债券市场取得发展，企业发债规模不断扩大。2019年，智利圣地亚哥股市以 4669.85 点收官，全年股指下跌 8.53%。2020 年，受新冠疫情影响，加上社会暴乱和养老金提取等因素，智利股市持续缩水，最终收于 4177.22 点，比上年下跌 10.55%，成为 2013 年（-14.00%）以来跌幅最大的一年。2021 年，IPSA 股指收于 4300.12 点，较上年有所回升。 2022 年，IPSA 股指收于 5262.43 点，涨幅跑赢几乎整个新兴市场。其中一个原因是宪法草案未获公投通过，另一个原因是大宗商品价格上涨。

4.3.5 非洲地区

1. 坦桑尼亚

1996 年，坦桑尼亚政府在达累斯萨拉姆设立了股票交易市场——达累斯萨拉姆证券交易所。该交易所于 1998 年正式运营，1999 年发行第一只公司股票，2002 年发行第一只政府债券，2004 年发行第一只外国公司股票和航空公司股票，2008 年发行第一只商业银行股票，2011 年发行第一只矿业公司股票。

为鼓励公司在交易所上市，坦桑尼亚政府对发行股票的公司给予以下优惠：①发行股本超过总股本 25%的公司，企业所得税连续 3 年优惠 10%；②对于首次公开募股的公司，所有首次公开募股的成本均被坦桑尼亚税务局认可为公司经营成本，可抵扣税款。此外，坦桑尼亚政府还对股票投资者给予一系列优惠，具体包括：①免除资本所得税；②免除交易印花税；③个人收入预扣税优惠 5%；④股票收益免除预扣税。

2016 年，坦桑尼亚国会通过财政法案，要求所有在坦桑尼亚注册的电信公司在达累斯萨拉姆证券交易所上市,公开发行不少于 25%的股份。2017 年 2 月 19 日,坦桑尼亚政府要求所有在坦桑尼亚注册的大型矿业公司必须在 6 个月内完成在达累斯萨拉姆证券交易所的上市交易,公开发行不少于 30%的股份,上市最后期限定为 2017 年 8 月 23 日,但上述期限届满后,仅有部分矿业公司提交申请材料以供审核,但无一家按期上市发行股票。

截至 2023 年 6 月,共有 28 家公司在达累斯萨拉姆证券交易所上市。规模较大的本国上市公司分别是坦桑尼亚油气公司、坦桑尼亚啤酒公司、坦桑尼亚烟草公司、TANGA 水泥公司、瑞士航空(坦桑尼亚)公司、坦桑尼亚农村合作银行、达累斯萨拉姆社区银行、坦桑尼亚小额贷款银行等。

2. 摩洛哥

卡萨布兰卡证券交易所成立于 1929 年,是摩洛哥唯一的证券交易市场,也是非洲设立的第二家证券交易场所(排在南非约翰内斯堡之后),经营股票、期货、债权交易、投资凭证、衍生工具和期货交易。截至 2022 年底,在卡萨布兰卡证券交易所上市的公司有 76 家,市值约为 6328 亿迪拉姆。从市值看,排名前十的企业以银行业、电信业、矿业和建筑业公司为主。

3. 肯尼亚

肯尼亚是东非共同体、东南非共同市场等区域合作组织的倡导者,以其优越的地理位置和相对完善的经济基础,向东、中非地区发挥着重要的辐射作用,是撒哈拉以南非洲经济基础较好的国家之一。肯尼亚股票市场是撒哈拉以南非洲地区仅次于南非和尼日利亚的第三大股票交易市场。

2005~2007 年,肯尼亚股票价格指数一年期增幅为 28.40%,3 年期增幅达 148.00%,均大幅超过同期美国纽约证券交易所标准普尔 500 指数 12.50%和 32.50%。2008 年,美国金融危机爆发以后,肯尼亚 20 种股票指数下跌幅度超过 40.00%。2009 年,20 种股票指数在低位震荡;到 2010 年上半年,股票价格指数开始回升,全年增幅超过 35.00%。2013 年,肯尼亚 20 种股票价格指数同比增幅达 19.53%,以 4927 点收盘,市值达 223 亿美元,投资回报率 43.58%,在全球股市中名列第四。2015~2018 年,肯尼亚股票价格指数持续走低。截至 2018 年 12 月,肯尼亚股票市值约 21 020 亿肯先令(约合 208 亿美元),肯尼亚 20 种股票指数(NSE-20)为 2834 点。截至 2021 年 12 月,肯尼亚股票市场市值约 2.59 万亿肯先令(约合 236 亿美元),较 2020 年上涨 11%,肯尼亚 20 种股票指数(NSE-20)为 1903 点。2022 年 6 月,肯尼亚股票市场市值约 2.02 万亿肯先令(约合 176 亿美元),NSE-20 指数下滑至 1698 点。其主要原因是受发达经济体加息、俄乌冲突等全球不稳定因素影响,境外投资者选择回归发达交易市场避险,进而持续离场。

肯尼亚资本市场管理局是肯尼亚上市公司的主要监管机构，主要负责监督、发放相关许可证和监测市场活动，监督对象包括证券交易所、中央存放和结算系统，以及获得相关许可证的所有其他方。肯尼亚财政部是非上市公司的主要监管机构。同时，肯尼亚中央银行和肯尼亚保险监管局对银行与保险等类似的金融机构进行监管。

4. 博茨瓦纳

博茨瓦纳被誉为非洲的小康之国，属于非洲国家中经济发展较快、经济状况较好的国家。博茨瓦纳证券交易所始建于1989年，该证券交易所将上市公司分为本国公司和外国公司两个大类。1994年9月，博茨瓦纳议会通过《博茨瓦纳证券交易法》，并于1995年10月底正式生效。博茨瓦纳证券交易所是世界交易所联合会成员、联合国可持续证券交易所倡议的合作伙伴、非洲证券交易所协会成员、南部非洲共同体股票委员会成员和委员会秘书处所在地、英国税务海关总署认可的证券交易所。博茨瓦纳证券交易所2018年8月股份化，由博茨瓦纳共和国政府和四家经纪公司所有。博茨瓦纳证券交易所上市的产品包括股票、债券和交易所交易基金，博茨瓦纳当地公司和外国公司均可申请在博茨瓦纳证券交易所上市。截至2023年，博茨瓦纳股票交易所共有31家上市公司，其中，国内公司23家、国外公司7家、场外交易公司1家。外国人不允许购买博茨瓦纳国债，但可持有在博茨瓦纳股票交易所上市的博茨瓦纳公司的股份。

5. 卢旺达

卢旺达是联合国公布的世界最不发达国家之一，经济以农牧业为主，粮食不能自给。1994年的卢旺达内战和大屠杀使卢旺达经济崩溃。卢旺达资本市场发展缓慢，卢旺达证券交易市场于2008年1月31日开业，由卢旺达资本市场咨询委员会代表国家进行管理。截至2021年5月，卢旺达证券交易市场仅有10家企业上市。

6. 尼日利亚

尼日利亚证券市场的最高管理机构是证券交易委员会，其下属的尼日利亚证券交易所在全国共设有14个股票交易场所，分别在拉各斯、卡杜纳、哈克特港、卡诺、伊巴丹、奥尼察、阿布贾、贝宁城、乌约、约拉、伊洛林、阿贝库塔、奥维日和包奇，现行交割制度为T+3。尼日利亚证券交易所是撒哈拉以南非洲地区的第二大证券交易市场。截至2022年，尼日利亚证券交易所全股指数全年涨幅为19.98%。

尼日利亚证券交易委员会是尼日利亚上市公司的主要监管机构，其主要具有调节和发展两个职能，调节职能包括证券和市场参与者登记、检查场内外交易、监察和制止操作市场行为、调查违法行为并实施制裁，发展职能包括引入新金融产品和鼓励投资者提高参与程度。企业事务委员会和联邦税务局是尼日利亚非上市公司的主要监管机构。

7. 埃及

从资本市场来看，埃及交易所是中东和北非地区最早成立的证券交易所，由两个交易所组成，1888年成立亚历山大证券交易所，随后1903年开罗交易所开张。在20世纪，埃及交易所曾被视为全球第五大交易所。埃及有两大证券交易所，主板为埃及交易所（Egyptian Exchange，EGX），中小企业板为Nilex。2005年，埃及交易所还加入了全球证券市场联盟，是第一个加入该组织的阿拉伯证券市场。基准指数为EGX30，30代表埃及交易所中流动性和活跃程度最高的30家公司，另有EGX50、EGX70、EGX100等权重指数。2020年4月30日，收市的EGX30指数为10 554.04点，其历史最高为18 363.29点（2018年4月）。截至2020年4月底，埃及交易所共有169家上市公司，市值达9.98亿埃镑；埃及中小板企业Nilex上市公司共有11家。埃及证券市场上公开交易的证券和债券，投资者主要来自埃及、其他阿拉伯国家、非阿拉伯国家的其他国家；机构投资者占比超过90%。埃及交易所董事会主席由总理任命，董事会60%成员由投资银行、基金公司等市场参与者选举，董事会40%成员直接由资本市场管理署、中央银行和银行集团任命；监管机构是埃及资本市场管理署，署长由总统直接任命。埃及交易所对上市证券交易收取0.010%的交易费用，对非上市证券交易收取0.100%的交易费用，对全球存托凭证交易收取0.025%的交易费用。

8. 南非

约翰内斯堡证券交易所成立于1887年，2001年6月收购南非期货交易所，使用全自动电子交易系统，已经成为非洲最大证券交易所、世界前二十大证券交易所。2020年4月，总市值约为7637亿美元，主板上市公司约有400家。约翰内斯堡证券交易所是南非重要的融资渠道，同时，向纳米比亚证券交易所提供交易平台，与博茨瓦纳、马拉维、纳米比亚、津巴布韦、埃及、加纳、毛里求斯、尼日利亚证券交易所协调上市标准，并为其他非洲国家交易所提供技术支持。南非金融服务业发达，交易设施完备，很多国内大公司和一些跨国公司都争相在约翰内斯堡证券交易所上市。

2016年3月，南非金融服务委员会向ZAR X证券交易所颁发了100多年来的首张证券交易所执照，为当地公司与约翰内斯堡证券交易所抗衡铺平了道路。ZAR X证券交易所于9月开始营业，是南非第二家证券交易所。

第5章

"一带一路"共建国家会计准则国际趋同质量分析

5.1 会计准则国际趋同执行效果总体情况

国际上,关于采用国际会计准则的学术研究很多,对执行国际会计准则是否提高了会计信息质量和是否产生了有利的经济后果进行了很多的讨论。

IFRS 的支持者认为,上市公司必须采用一套统一的、高质量的财务报告准则,可以促进资本市场更好地运作。现有大量的研究文献也实证说明了采用 IFRS 可以提高财务报表的跨国界可比性,提高会计信息的质量,增加财务报告的透明度,促进投资增长和降低资本成本,有效改善信息环境,减少信息不对称(Ball,2006;Barth et al.,2008;DeFond et al.,2011;Horton et al.,2013)。

然而,接受一种新的会计模式也有挑战和固有的问题。强制采用 IFRS 对会计质量的影响在很大程度上取决于 IFRS 的质量是高于还是低于国内公认会计准则,以及它们如何影响执行机制的有效性(Ahmed et al.,2013)。同时遵守国内公认会计准则和 IFRS 的公司可能会导致披露质量低下(Haller and Wehrfritz,2013)。Gornik-Tomaszewski 和 Jermakowicz(2010)对各国实施 IFRS 提出了警告。也有学者认为 IFRS 潜在的好处依赖于以下假设:强制采用 IFRS 为市场参与者提供了更好的信息,并提高了与以前会计准则的可比性。然而,这方面的经验证据还比较少,而且往往相互矛盾(Horton et al.,2013)。例如,有研究指出,采用 IFRS 后,同一国家采用 IFRS 的上市公司提供的会计信息与采用国内通用会计准则的公司提供的会计信息相比,可比性降低(Cascino and Gassen,2015)。法国和德国的情况进一步表明,在采用 IFRS 后,由于不同的会计选择,收益信息和账面价值信息的可比性较差(Liao et al.,2012)。Ball(2006)认为 IFRS 的公允价值导向可能会导致财务报表的波动,这种波动既有好的信息也有坏的信息,而坏的消息中包括会计估计误差和管理者可能的盈余管理行为。关于采用 IFRS 对股票价格信息和资本成本的影响,现有文献认为,会计准则并没有使股票价格信息更加丰富(Wang and Yu,2015),但是采用 IFRS 有利于提高公司透明度和信息环境的改善（Beuselinck et al.，2010），有效降低了资本成本（Daske et al.，2008；Florou and Kosi，2015），股票价格的同步性与会计准则的质量之间存在显著的负相关关系，但更好的会计准则只有在鼓励公司透明化和法律执行力度强的国家才能有好处（Kim and Shi，2012；Wang and Yu，2015；Beuselinck et al.，2010)，并且自愿采用者与强制采用者产生的效果也是不一样的（Loureiro and Taboada，2012）。Barth 等（2008）研究表明自愿采用者在采用 IFRS 后表现出收入平滑度下降和损失识别及时性增加；而 Ahmed 等（2013）的研究证据表明，强制采用 IFRS 改善了会计信息质量的推论不适用于所有强制采用 IFRS 的国家，并且强制采用 IFRS 提高会计信息质量的结果并不能作为有利经济后果的解释。

综上所述，目前的文献对于采用 IFRS 是否提高了会计质量和是否能带来有利的经济后果都有着很大的争论，尚不能准确地衡量采用 IFRS 的经济影响。但广泛的共识认为，在可预见的未来，随着市场和政治的全球化，通信和信息处理成本降低，财务报告准则一体化的实现不可避免，全球使用一套公认的高质量的财务报告准则是必然的趋势。

Ball（2006）认为，在可预见的未来，多数市场和政治力量仍将局限于本国，IFRS 的采用效果可能受到文化因素、IFRS 与当地公认会计原则之间的差距、执行水平、透明度和每个国家的会计质量的影响。采用 IFRS 的经济后果还受到公司、行业和国家特定因素的影响（Houqe and Monem，2016）。因此，对"一带一路"共建国家在国家层面执行国际会计准则的质量进行分析，对"一带一路"会计监管合作有着很重要的参考依据。由于"一带一路"共建经济体发达程度不一，发达国家居少数且大部分是欧洲国家，新兴经济体和发展中国家居大多数，有的国家本身国内的证券市场都不完善，甚至都没有资本市场，执行 IFRS 的能力也很有限。因此，本书将分成发达经济体、新兴经济体和其他发展中国家（第 6 章和第 7 章对其他发展中国家进行具体研究）三个部分来说明"一带一路"共建国家会计准则国际趋同的质量，主要从会计信息质量和经济后果两方面来分析。通过对文献的梳理，总结出目前 IFRS 对会计信息质量的影响主要体现在财务报告可比性和条件稳健性、价值相关性、盈余管理等方面；IFRS 产生的经济后果主要体现在股票价格信息、权益成本、信息不对称、分析师预测等方面。

5.2 "一带一路"共建国家之发达经济体执行 IFRS 的情况

5.2.1 欧洲地区

从"一带一路"共建发达经济体名单可以看出，除了极少数亚洲国家和大洋洲的新西兰，其他的发达经济体都集中于欧洲。关于发达经济体采用 IFRS 的文献主要内容包括以下几个方面：向 IFRS 转换产生的影响，强制采用与自愿采用 IFRS 对会计信息可比性的影响、价值相关性、盈余质量、盈余管理、盈余预测、权益成本的影响，公允价值计量对审计的影响等。通过对文献的梳理可以发现，关于发达经济体的文献很少集中于研究某一个国家的样本[①]。结合本书的研究主题，下面主要分析 IFRS 对会计信息质量和经济后果的影响。

可比性被定义为信息质量，其使用户能够识别两组经济现象之间的异同。因此，可比性是一个重要指标，用来比较同一时期不同公司和不同时期同一公司的财务报表信息。Barth 等（2008）通过对 21 个国家采用国际会计准则的样本和采用非美国会计准则的样本公司进行比较，研究了国际会计准则的采用与会计质量的相关性，实证结果表明，国际会计准则提高了会计信息的可比性和质量，并导致会计协调、投资增长和资本成本降低；该研究的样本包括奥地利、葡萄牙、希腊等"一带一路"共建国家，研究结果表明，强制采用 IFRS 提高了欧盟各国的会计信息可比性。Yip 和 Young（2012）、DeFond 等（2011）的研究也支持了强制采用 IFRS 可以提高财务报表的可比性的结论。

会计信息的价值相关性是通过盈余信息和账面价值解释权益市场价值或权益市场价值变动的能力来衡量的。如果会计信息能够对权益价值与权益价值的变化做出重要解释，那么会计信息就可以被视为具有价值相关性。Clarkson 等（2011）研究了欧洲和澳大利亚采用 IFRS 后账面价值和收益对股票估值重要性的影响，研究发现，采用了 IFRS 后，企业的股票价格稳定性没有发生重大变化；并且，之前具有不同财务报告质量的普通法国家和法典国家在采用 IFRS 之后，财务报告质量是相同的。因此，IFRS 的使用增强了欧洲国家和澳大利亚上市公司财务报告的可比性。Devalle 等（2011）的研究认为，随着 IFRS 在德国、法国和英国的采用，盈利对股票价格的影响有所增加；而除英国外，对股本账面价值的影响有所下降。

但是，在制度基础设施不足、经济状况欠佳的国家，强制执行高质量会计准则的效力仍然存在争议。例如，Iatridis 和 Rouvolis（2010）验证了从希腊会计准则向 IFRS 过渡对希腊上市公司财务报表产生的影响，结果表明，希腊上市公司执行 IRFS 后，损益表和财务状况的波动增大了。Karampinis 和 Hevas 等（2011）指出，银行在希腊资本市场中占据主要地位，会计与税法规则趋同，公司股权比较集中，证券监督机制不成熟，法律执行力度不强，在这样一个不利环境中，少有实证证据表明强制采用 IFRS 对会计收益的价值相关性产生实质有利影响。

关于盈余管理，目前的文献也得出了两种完全相反的结论。自欧盟 2005 年采用 IFRS 后，学术界对 IFRS 是否有助于改善欧盟上市公司财务报告质量进行了大量讨论。Iatridis 和 Rouvolis（2010）、Zeghal 等（2012）等得出的结论是采用 IFRS

---

① 以欧洲上市公司为样本的研究，很少单独研究一个国家的情况，而是对整体进行研究；对新加坡的研究一般也是与东南亚一起纳入研究范围；韩国和新西兰有单独的文献。

后，会计信息质量确实得到了一定程度的改善，表现为信息不对称缓解，盈余操纵的减少，会计信息及时性、条件稳健性和会计信息价值相关性都有了提高，这些都有利于投资者做出更好的投资决策判断。相反地，Callao 和 Jarne（2010）通过比较 IFRS 执行前后的可操控性应计项目的变化来检查 IFRS 在欧盟的采用是增加了还是减少了可操控性应计项目的范围，结果表明，自 IFRS 在欧盟上市公司采用以来，盈余管理有所加强，可操控性应计项目在实施后的一段时间内也有所增加。Jeanjean 和 Stolowy（2008）指出，一套高质量的会计准则并不是实现全球统一商业语言的充分条件，引入 IFRS 后，法国上市公司盈余管理的程度并没有下降。

关于 IFRS 的经济后果，Lambert 等（2007）认为会计信息的质量直接和间接地影响公司的资本成本，就像会计信息影响市场参与者对公司未来现金流量流入分布的看法一样。IFRS 预期将通过提高财务披露质量和增强财务报表可比性来降低资本成本。Covrig 等（2007）的证据表明，一套单一的会计准则，如 IFRS，可以通过提高企业财务信息跨资本市场的可比性，降低投资者使用信息的成本，减少信息不对称，从而降低资本成本。Dargenidou 等（2006）和 Li（2010）基于欧洲市场会计制度发生改变的背景研究股权资本成本和盈余预期之间的关系，发现转向 IFRS 可能对资本市场产生短期影响，资本成本有所降低。Beuselinck 等（2010）使用 2003~2007 年 14 个欧盟国家 2071 个强制采用 IFRS 的样本进行研究，发现强制采用 IFRS 降低了公司的不透明性，使得股票价格信息更多地反映了会计信息，降低了股票价格的同步性。这种影响也反映在债务融资上，强制采用 IFRS 对公司债务融资有积极的经济效果，特别是债券融资和债务融资（Florou and Kosi，2015）。然而，Li（2015）提到，在采用 IFRS 的国家中，资本成本的降低和条件稳健性增强的现象普遍存在于具有强执行力的国家，与 Beuselinck 等（2010）得到的结论一致，只有执法力度比较强的国家，才能降低采用 IFRS 的公司的不透明性。

5.2.2 亚洲地区

1. 新加坡

近代时期，新加坡曾被英国占领，其会计准则和专业培训都深受英国会计实践的影响，其在 2005 年已经采用了 IFRS。采用 IFRS 之前，新加坡的会计信息质量也不容乐观。Ball 等（2003）以四个东亚国家为研究对象，尽管这些国家遵循发达国家盛行的会计准则（如遵循美国通用会计准则和英国会计准则），但是，这些国家的会计报告盈余普遍缺乏透明度，会计信息及时性不高。在 2005 年执行 IFRS 后，这种情况有改观。Yapa 等（2011）与 Joshi 等（2016）分别调查了会计人员对采用 IFRS 的看法和对受访者的访问，研究 IFRS 对东盟国家带来的社会经济影响。他们发现，IFRS 在新加坡获得的应用得到了会计人员和受访者的普遍认可，大部分会计准则的实施都没有遇到什么困难，这是国家和行业之间良好合作的结果，会计监管机构和专业会计机构战略性地利用媒体，为采用 IFRS 建立了一些高质量的案例供企业参考；但公允价值的应用一直存在问题，主要是由于金融工具准则对会计人员有着更高的职业判断要求。Marzuki 和 Wahab（2018）、Hla 和 bin Md Isa（2017）研究了采用 IFRS 对东盟国家财务报告质量的影响。前者主要是考察财务报告的条件稳健性程度，并且探究了腐败因素对此的影响，研究发现，IFRS 的趋同增强了会计信息的条件稳健性，减少了无条件稳健性，并且显著减少了腐败程度较高国家的会计信息条件稳健性。而后者主要是通过分析财务报表披露来考察企业财务报告质量是否符合 IFRS 的年度报告要求，研究发现，合规执行 IFRS 的样本，其公司治理和透明度与财务报告质量都存在正相关关系。

2. 韩国

韩国被视为 IFRS 第二代采用国当中的一个代表性国家。韩国在 2011 年全面采用了 IFRS，并要求所有上市公司和金融机构强制使用 IFRS。韩国与欧洲国家和澳大利亚等第一代采用 IFRS 的国家不同，因为韩国此前一直使用基于规则的会计准则，本国公认的会计准则与 IFRS 有着很大的差距（Bae et al.，2008）。通过梳理关于韩国采用 IFRS 的研究发现，关于会计质量的研究也是体现在财务报告可比性、价值相关性和盈余管理方面。

以韩国为样本对财务报表可比性进行实证研究的文献不多。Ha 等（2013）使用 DeFond 等（2011）提出的指标来衡量财务报表的可比性，并通过面板分析比较了 2009~2010 年和 2012~2013 年采用 IFRS 前后的差异，其结果表明，采用 IFRS 后，财务报表的可比性有所提高。他们将这一结果归因于一个事实，即 IFRS 属于原则导向的会计准则，同一行业的公司倾向于选择类似的会计处理方法。此外，对于外资持股比例较大的公司，其可比性的提高更为显著。Lee 等（2012）研究了在 IFRS 下可能对财务报表可比性产生不利影响的因素，他们发现有以下四个因素：①衡量经营损益的方法因公司而异；②公司没有充分披露其他经营转回和费用的细节，削弱了经营损益信息的可比性；③一些公司即使持有子公司 50%以下的股份，也会编制合并财务报表；④采用 IFRS 后，披露量平均从 25 页增加到 60 页，可能会损害财务报表的可读性。

韩国公司需要披露采用 IFRS 后财务报表的变化，2011 年的财务报表附注包括根据 IFRS 重新编制的 2010 年财务报表，因此，2010 年的财务报表可以用来直接比较两种不同的会计准则对同一家公司价值相关性的影响。Ha 等（2013）分别比较了根据韩国会计准则和 IFRS 编制的财务报表信息的价值相关性，结果表明，在韩国会计准则和 IFRS 下，股本账面价值和净收入的价值相关性没有任何显著差异。然而，Lee 等（2015a）和 Kwon（2018）研究发现，采用 IFRS 后，账面价值、会计盈余、营业收入、现金流量和营业现金流量的价值相关性均发生了显著变化，采用 IFRS 后，各期收益和权益账面价值的估值系数及解释力大于采用 IFRS 前，这表明采用 IFRS 提高了韩国企业的会计信息质量。Park 等（2012）比较了公司采用 IFRS 的年份和前一年的可操控性应计利润，扩大了样本量，以检验采用 IFRS 对盈余质量的影响。Cha 等（2014）也开展了相似研究，但扩大了样本量，延长了研究年限。他们发现，操控性应计利润随着 IFRS 的采用而大幅下降，提高了财务报表的可靠性。近几年，也还有不少文献探讨韩国强制采用 IFRS 是否与较高的盈余质量有关，得到的经验证据基本一致，即韩国强制采用 IFRS 改善了盈余质量，减少了盈余管理（Kwon et al.，2019）。Lee 等（2015b）则是探讨自愿采用 IFRS 对韩国未上市公司的盈余质量和债务成本的影响。自 2011 年上市公司强制采用 IFRS 以来，更多的非上市公司自愿采用 IFRS，结果表明，采用 IFRS 的公司比不采用 IFRS 的公司具有更高的盈余质量和更低的债务成本。但也有学者的研究与上述经验证据有矛盾，Cho 等（2015）基于 2011 年韩国强制采用 IFRS 的信息环境，利用双重差分的实证方法证明 IFRS 对盈余质量与信息不对称的负相关关系的影响，结果并没有表明 IFRS 强化了两者之间的关系，与之前的研究得出的 IFRS 的采用通过改善盈余质量或降低信息不对称对韩国资本市场投资者有帮助的结论不一致。总体而言，在韩国，大多数采用 IFRS 对盈余质量影响的研究提供了一致的证据，表明采用 IFRS 后盈余质量有所改善，这与欧盟国家或澳大利亚的研究得出的混合证据相反。

Kim 等（2014）全面分析了采用 IFRS 对托宾 Q 所衡量的权益资本成本、债务资本成本和公司价值的影响，结果表明，韩国采用 IFRS 降低了权益资本成本，降低了债务资本成本，增加了公司价值。他们认为，IFRS 在韩国不仅得到了成功实施，而且对韩国的资本市场产生了积极影响。Cha 等（2014）通过调查 IFRS 对财务报表质量、信息环境及其他经济后果的影响，结果表明，分析师的盈余预测准确性显著提高，采用 IFRS 后资本成本降低。Kim 和 Ryu（2018）也得到了一致的证据。同时，有学者研究了 IFRS 与股票价格崩盘风险之间的关系，研究发现，采用 IFRS 后，股票价格崩盘风险降低，尤其是接受四大会计师事务所审计的公司表现更加明显（Lim et al.，2016）。

5.2.3　大洋洲地区

自 2007 年以来，新西兰强制采用 IFRS，且从 2005 年起已经允许提前采用 IFRS。与许多其他国家相比，会计准则的转换是唯一的重大监管变化，并且新西兰和澳大利亚受 2008 年全球金融危机的影响较小，新西兰的主要商业银行在次贷市场上没有大量投资，因此，新西兰为评估采用 IFRS 的影响提供了一个相对干净的实验环境（Houqe et al.，2016）。通过对文献的梳理，Stent 等（2010）研究了

IFRS 对新西兰财务报表各要素和财务比率的影响，IFRS 影响了样本中 87%的实体，对财务报表要素和财务报表比率都有相当大的影响，因此，对财务分析、估值和信贷决策及采用会计比率的合同协议都有所影响。

Edeigba 和 Amenkhienan（2017）认为，新西兰在执行 IFRS 方面与其他大多数国家存在四个方面的明显差异。首先，新西兰上市公司、非上市公司都必须遵守 IFRS。其次，新西兰的经济实体根据资产和收入分为四层，第一层级为上市公司或年费用 3000 万新西兰元及以上的公司，必须遵守 IFRS；第二层级为非上市公司，年费用 3000 万新西兰元以下的公司；第三层级为年费用低于 200 万新西兰元的公司；第四层级为年经营支出低于 12.5 万新西兰元的公司。其中，第一层级和第二层级实体需要遵守 IFRS。再次，对于第二层级实体，虽然需要遵守 IFRS，但新西兰对 IASB 发布的 IFRS 进行了修改，减少了部分信息披露要求。最后，IFRS 不适用于中小企业。他们的研究发现，IFRS 和新西兰会计准则的区别主要在第二级经济实体的财务报表，在第一级经济实体层面则没有区别，而第一层级企业在采用 IFRS 后财务透明度也显著提升，财务欺诈的发生率下降。Zhang（2011）探讨了在新西兰采用 IFRS 是否对会计稳健性所代表的盈余质量有正面的影响，研究发现，采用 IFRS 前后都存在条件稳健性，但采用 IFRS 后，会计稳健性有所提高。Kabir 等（2010）探讨了采用 IFRS 对新西兰上市公司的会计和盈余质量的影响，在 IFRS 调整分析中发现，IFRS 下的平均总资产、总负债和净利润均高于新西兰公认会计原则，杠杆率和资产回报率更高，但并未发现采用 IFRS 改善了盈余质量，可能原因是新西兰有一个强有力的投资者保护制度，在一个高度保护投资者和高度执行的环境中，会计准则的作用相对比较弱。综上研究结果表明，在新西兰采用 IFRS 对盈余质量有积极的影响。

5.2.4 发达经济体执行 IFRS 情况的总结

财务报告的质量不仅受到会计标准的影响，也受到该国投资者保护的影响（Leuz et al.，2003）。在投资者保护较强的国家，如新西兰，投资者保护力度较强，为该国提供更具可比性和综合性会计信息提供了充分保障（Hope et al.，2006）。在投资者保护较好的国家，企业实施 IFRS 所需的增量成本是最小的，这将间接增加采用 IFRS 的净收益。Houqe 等（2016）通过研究对权益资本成本的影响，考察了新西兰上市公司采用 IFRS 的经济后果，是第一个为采用 IFRS 对新西兰公司股权资本成本的影响提供实证证据的研究。该文通过对 1998～2002 年和 2009～2013 年 29 家新西兰上市公司 290 个公司年度的观察，发现 IFRS 的采用与权益资本成本之间存在显著的负相关关系。这与 Daske 等（2008）、Armstrong 等（2010）、Li（2010）和 Palea（2007）得到的证据一致。

综合上述，对共建"一带一路"发达国家执行 IFRS 对会计质量的影响的研究，主要针对欧盟国家和新西兰这类采用 IFRS 的共建"一带一路"发达国家。从这些文献的分析可以看出，在法律机制和激励机制比较完善、资本市场发达的国家，IFRS 的采用确实提高了会计质量，财务报告的可比性增强，基本实现了 IFRS 成为国际商业通用语言的目的（相对而言，希腊是一个例外，其执行 IFRS 的效果不如其他欧盟国家）。但是，关于 IFRS 的采用对会计价值相关性和盈余质量的影响，得出的证据比较混合，目前尚未有一个确定的结论。

新加坡和韩国作为亚洲的两个发达国家，尤其是新加坡采用 IFRS 比较早，并且大部分的准则实施起来没有太大的困难，大部分的文献都得出了一致的结论，即新加坡采用 IFRS 后有效提高了会计信息质量。韩国是第二代采用 IFRS 的国家中的一个典型代表国家，尽管关于 IFRS 对财务报表可比性影响的研究有限，但现有的研究表明，同一行业的公司可能会在 IFRS 下对财务报告采用类似的会计处理方式，这增强了可比性。与其他采用 IFRS 的研究相似，对于韩国的研究也显示了采用 IFRS 对价值相关性影响的混合结果。关于韩国采用 IFRS 对盈余质量报告的影响的经验证据一致表明，IFRS 提高了韩国公司会计信息的质量。

关于新西兰采用 IFRS 的研究中，IFRS 的应用改善了财务报告的质量，提高了财务报告的透明度。关于盈余质量是否得到改善，则得出了比较混合的证据。总体而言，新西兰自 2011 年强制使用 IFRS 后，执行效果是比较好的。

综上所述，与国际上相关研究所发现的混合结果不一样，共建"一带一路"发达国家执行 IFRS 产生的经济后果基本都得到了一致的结果，即执行 IFRS 降低了资本成本和债务成本，改善了信息不对称的情况，增强了股票价格信息含量。

5.3　"一带一路"共建国家之新兴经济体执行 IFRS 的情况

在"一带一路"共建国家中，新兴经济体主要分布于在非洲、亚洲、欧洲。本书主要分析已经向国际会计准则趋同、实质性趋同和正在趋同但存在一些重要差异的典型新兴市场国家。

5.3.1　东南亚国家

在东南亚国家中，马来西亚属于实质性向 IFRS 趋同。在马来西亚，由马来西亚人主导的政治和由华人华侨主导的商业这一不寻常的结合产生了一种独特的研究环境，这种环境不同于其他亚洲国家（Hasnan et al.，2013；Lim et al.，2014）。马来西亚的制度结构包括普通法法律体系、税收和会计制度及公司法，都是在英国殖民统治时期引入或受其影响的。2011 年 11 月 19 日，马来西亚会计准则委员会发布了第三个符合 IFRS 的会计框架——马来西亚财务报告准则（Malaysian Financial Reporting Standards，MFRS），并于 2012 年 1 月 1 日开始执行。Hanefah

和 Singh（2012）认为马来西亚在趋同中也取得了巨大的进展，受益于拥有足够的资金和较高的教育水平，该国非常稳定地走上了向 IFRS 趋同的道路。Yapa 等（2011）采用问卷调查研究方法，其受访对象表示 IFRS 的采用使得马来西亚吸引了更多的外来投资，提高了国民生活水平，为马来西亚和海外的会计师提供了更多的工作机会。关于 IFRS 对会计质量影响方面的研究，Kadri 等（2009）以房地产行业为例研究了两种财务报告制度（2002~2005 年的马来西亚会计准则委员会期间和 2006~2007 年的 IFRS 期间）对公司收益、净资产账面价值与股票市场价值之间关系的影响，他们得出结论，财务报告制度的变化显著影响净资产账面价值的价值相关性，而不是收益。然而，他们的研究结果不能推广到马来西亚其他行业。Kwong（2010）比较了三个不同报告期间非金融行业上市公司的财务报告的价值相关性，即马来西亚会计准则委员会报告期前（1993~1998 年）、马来西亚会计准则委员会报告期（1999~2005 年）和 IFRS 趋同报告期（2006~2007 年），结果表明，马来西亚强制采用 IFRS 进行报告时，与权益的账面价值相比，收益和损益表在股票市场估值中的作用越来越重要。但是，IFRS 对条件稳健性的影响尚不清楚，仍需要实证研究验证。Marzuki 和 Wahab（2018）研究 IFRS 在东盟国家的趋同是否导致财务报告质量的改善，特别是财务报告的条件稳健性程度是否得到提高，并且进一步研究了腐败对财务报告质量的影响，结果证明，IFRS 的趋同增强了条件稳健性，减少了无条件稳健性，并且腐败减少了更多国家的条件稳健性。Anggraeni 和 Wardhani（2017）探讨了财务杠杆与真实活动盈余管理关系的影响，以及 IFRS 趋同在杠杆与真实活动盈余管理关系中的调节作用。马来西亚虽然不属于发达国家，但它的经济发展迅速，研究结果发现，马来西亚公司治理良好，财务杠杆的提高有助于抑制企业的真实盈余管理行为，同时，与 IFRS 趋同强化了杠杆的负面影响。同时，Hla 和 bin Md Isa（2017）也研究了马来西亚和新加坡上市公司采用 IFRS、公司治理和透明度之间的关系，验证了通过改善公司治理和透明度，有利于推动东盟国家在与 IFRS 的持续趋同过程中产生更高质量的财务报告。

在东南亚的另外三个国家中，泰国（未采用金融工具准则）和菲律宾的会计准则正在向 IFRS 趋同，但存在一些重要的差异；印度尼西亚一直在朝着 IFRS 靠近，但没有充分采用 IFRS 的计划。Benyasrisawat（2011）探讨了泰国采用 IFRS 会计质量是否得到提升，以及公司治理体系和会计质量的关系，研究发现，泰国采用 IFRS 后，收益持续性和价值相关性得到了改善，而收益及时性却下降了，这一结果总体上支持了采用 IFRS 有助于改善会计信息质量、良好的公司治理对会计信息质量也同样具有重要作用的结论。Marzuki 和 Wahab（2018）发现采用 IFRS 后东盟国家的财务报告质量得到了改善；但是，对于腐败程度较高的国家，腐败降低了会计信息的条件稳健性，同时 IFRS 缓解了其腐败程度和腐败对条件稳健性的影响，这一研究结果表明，即使在腐败程度较高的国家，IFRS 也有助于提高上市公司的透明度，从而提高财务报告质量。在研究 IFRS 对亚洲国家盈余质量的影响中，Anggraeni 和 Wardhani（2017）以马来西亚为样本检验了 IFRS 和杠杆对盈余质量的影响，同时检验了 IFRS 趋同在杠杆和盈余管理之间的调节作用。对于经济更发达、公司治理水平更高的国家来说，杠杠对盈余管理没有显著的影响，但 IFRS 显著改善了盈余质量，并且其表现出更积极的调节作用。

在发达国家进行的研究证明，采用 IRFS 提高了透明度，减少了信息不对称。然而，在开放程度相对较低、监管有限和所有权更加集中的发展中国家，IFRS 减少信息不对称的能力仍然未知。Juniarti 等（2018）以印度尼西亚、菲律宾和泰国三个发展中国家为研究样本，为强制采用 IFRS 在减少信息不对称方面的有效性提供了实证证据。其研究结果发现，强制采用 IFRS 显著降低了信息不对称的程度。印度尼西亚与其他国家相比，仍然保持了一些非 IFRS 标准，一直在向 IFRS 靠拢，但是没有明确的趋同计划，这也为研究 IFRS 对会计质量的影响提供了一个很好的样本。Fuad 等（2019）从应计利润质量、损失及时确认、盈余平滑和盈余持续性四个维度研究了 IFRS 是否提高了印度尼西亚的会计质量。其结果表明并没有确凿的证据表明 IFRS 提高了会计质量，IFRS 的执行效果似乎并不理想，但研究结果仅局限于工业企业。

关于东南亚国家采用 IFRS 与权益资本成本和股票价格同步性的研究还很少。Patro 和 Gupta（2014）以中国、以色列和菲律宾上市公司 2006～2011 年数据为样本，探讨了采用 IFRS 是否会降低亚洲公司的权益资本成本，其结果表明，菲律宾公司的权益资本成本相较于根据其国家公认会计准则进行报告时有所下降，但中国和以色列上市公司的权益资本成本反而上升了。Patro 和 Gupta（2016）以中国、以色列和菲律宾上市公司 2006～2011 年的数据为样本，试图确定亚洲国家采用 IFRS 是否能通过改善资本市场信息环境而降低股票价格同步性，提高其资本市场稳定性，其结果表明，自从全面采用 IFRS 以来，这些国家资本市场的股票价格的同步性都降低了，与使用国家公认会计准则进行报告的时期相比，公司真实的相关信息更及时地被纳入股票价格。

马来西亚、泰国、菲律宾和印度尼西亚是东南亚"一带一路"共建国家中比较典型的新兴市场国家。从上述文献分析可以看出，对这几个国家采用 IFRS 产生的经济后果的研究主要是集中在执行 IFRS 对会计质量的影响方面，对 IFRS 产生的经济后果的研究比较缺乏。总体来说，采用 IFRS 后，东南亚国家的会计信息质量得到了改善。马来西亚采用 IFRS 后吸引了外国投资，促进了经济增长；改善了财务报告质量；增强了会计信息的价值相关性；增强了条件稳健性，减少了无条件稳健性；提高了盈余质量，减少了盈余管理行为。泰国、菲律宾和印度尼西亚的研究结果也表明，采用 IFRS 后，显著提高了会计信息质量，减少了信息不对称程度,改善了信息环境,并且降低了菲律宾的权益资本成本和股票价格同步性。综上所述,"一带一路"共建国家中的东南亚新兴市场国家执行IFRS的情况比较好。

5.3.2 金砖国家之中国和俄罗斯

金砖国家在采用IFRS方面的进展一直十分稳定。通过对文献的梳理发现,在金砖国家中,关于中国向IFRS趋同的文献比较多。通过对文献的梳理,关于中国采用IFRS的研究主要有IFRS的趋同(Ping, 2008; Peng and van der Laan Smith, 2010; Wu et al., 2014; 冯淑萍, 2004; 刘玉廷, 2007; 杨敏等, 2011)、IFRS的实施及产生的后果(Ding and Su, 2008; Wang et al., 2016; Liu et al., 2011; Wang and Campbell, 2012)、关于公允价值运用的探讨(He et al., 2012; Peng and Bewley, 2010; Zhang et al., 2012; 李红霞, 2008)、IFRS和盈余管理的关系(Kao, 2014; Zhang et al., 2013; Cang et al., 2014)、IFRS和公司治理的关系(Chen and Rezaee, 2012; Hou et al., 2014; Wang and Campbell, 2012)、监管执法对IFRS合规性的影响(Chen and Cheng, 2007; Chen and Zhang, 2010)。1992年以来,中国先后颁布了多套会计准则,每一套都取代了前一套,使其更符合IFRS,中国2006年的会计准则已与IFRS实质性趋同。与西方资本市场不一样,中国是一个监管机构管制力比较强的市场,鉴于中国与发达国家在经济、政治和制度方面的差异,中国市场的研究为验证IFRS在不同市场背景下的影响提供了一个良好的样本,对面临与中国有类似问题的国际会计准则制定者和会计监管机构具有借鉴意义。关于中国向IFRS实质性趋同的执行效果的研究,也是从会计信息质量和经济后果两方面来分析的。Liu等(2011)验证了自2007年以来,中国向IFRS趋同对盈余管理和价值相关性的影响。实证结果表明,盈余报告的价值相关性随着准则的改变而增加,而盈余平滑度则随着准则的改变而降低。随着中国经济社会发展不断成熟,各种制度日趋完善,监管部门在努力与IFRS趋同,上述实证结果表明,中国与国际趋同的会计准则的执行质量是很好的。Kao(2014)的研究中也没有发现证据表明中国对IFRS的采用增加了公司盈余管理的行为。其研究结果还表明,采用IFRS可以提高财务报告的中立性,然而,这些现象只发生在有正收益的公司。因此,如果一家公司面临损失,经理人在实施IFRS后往往会表现出盈余管理行为。然而,也有一部分文献研究证明,中国强制采用IFRS反而为盈余管理创造了机会,增加了企业的盈余管理行为。早期的本土研究(潘琰等, 2003; 王建新, 2005)表明,相比按照IFRS提供的盈余数据,按照中国会计准则提供的会计盈余数据,更有信息含量,中国会计准则与在IFRS下的盈余质量不存在显著性差异,这说明了在我国当时的现实环境条件下完全采用IFRS也不能显著地提高会计盈余质量。Wang 和 Campbell（2012）考虑了国有产权和董事会制度因素，研究了我国上市公司采用 IFRS 后，国有产权性质和董事会制度对企业盈余质量的影响。其结果表明，尽管国有企业的盈余管理水平更低，但采用 IFRS 并没有进一步阻止企业进行盈余管理的行为；采用 IFRS 后，增加独立董事比例有助于抑制上市公司的盈余管理，但非独立董事的影响也没有变化。在中国股权分置改革和强制采用向 IFRS 趋同的新会计准则的背景下，新会计准则的采用显著增加了盈余管理，与股权分置改革对盈余管理的影响相比，会计准则是与盈余管理水平相关的更重要的因素（Zhang et al., 2013）。Cang 等（2014）也得出了同样的结论，IFRS 的采用为管理人员进行盈余管理创造了更多的新机会，同时，引入分析师对财务信息的监测，IFRS 的采用也并没有显著提高分析师对盈余管理的监控效果。这表明高质量的会计准则在与市场制度环境不相容的情况下，可能不会增强外部公司治理机制的监督效果。

关于中国向 IFRS 趋同产生的经济后果的文献研究不是很多。其中，Patro 和 Gupta（2014，2016）以中国、以色列和菲律宾为样本分别探讨了采用 IFRS 是否会降低亚洲公司的权益资本成本和是否改善了信息环境，将公司的特定信息更及时地反映至股票价格，从而减少了股票价格同步性。其结果表明，中国在采用 IFRS 后，产生了混合的经济后果，权益资本成本并没有降低，但公司的特定信息能够更及时地反映至股票价格，降低了股票价格的同步性。Cheng 等（2019）旨在探讨中国 2007 年新会计准则的实施是否减少了中国股票市场的信息不对称，从而使股东受益，其研究发现，2007 年改用新的会计准则后，信息不对称程度实际上增加了，并没有使股东受益。他们的研究结果表明，如果不进行适当的社会和公司治理改革，以消除某些不适当的政策或经济激励因素，仅仅是准则的改变可能无法在中国 A 股市场获得预期的好处。

由上述文献分析可以看出，由于中国与西方发达国家的制度和市场环境差异，关于中国执行 IFRS 对会计质量和经济后果产生的影响是比较复杂的，尚未有明确的一致结论。

2011 年，俄罗斯政府签署了 IFRS 认可程序文件，计划在 2015 年之前从俄罗斯会计准则逐步过渡到 IFRS。俄罗斯之所以承诺采用 IFRS，在很大程度上是因为该国对外国直接投资的空前需求。2011 年，俄罗斯政府宣布了雄心勃勃的计划，将投资 1.5 万亿美元用于俄罗斯经济的现代化，这一数额几乎是该国 2001~2010 年平均 GDP 的 3 倍。然而，全球投资资本是一种有限的资源，俄罗斯必须与其他新兴市场国家竞争。并且，为了促进俄罗斯会计准则向 IFRS 的过渡，俄罗斯政府启动了多项改革，以期改善俄罗斯的资本市场状况。因此，俄罗斯也为研究 IFRS 在各国的影响提供了一个独特的样本环境。从关于俄罗斯采用 IFRS 的文献来看，有的文献研究在本地标准与 IFRS 共存的背景下，影响公司选择采用 IFRS 的因素；有的文献基于文化角度，探讨文化对俄罗斯会计准则与 IFRS 协调的影响；有的文献探讨俄罗斯采用 IFRS 的影响因素（Alon，2013；Bagaeva，2008）。然而，对俄罗斯上市公司的财务报告质量和经济后果进行实证分析的文献很少。Kim（2013）研究了两组公司的会计信息的价值相关性，即在伦敦证券交易所上市的执行 IFRS 的俄罗斯公司样本，以及在俄罗斯本土上市的执行俄罗斯会计准则的上市公司样本。其研究结果表明，采用 IFRS 报告的公司产生的信息更具价值相关性，这表明采用 IFRS 可能会导致信息质量的提高。然而，这一结果取决于公司是否能做到升级市场基础设施、修订股票交易规则和严格执行 IFRS 报告制度（Ball et al.，2000）。IFRS 的采用很可能伴随着大量的监管和制度变革，这使得采用 IFRS 产生正效应的确切来源很难确定（Christensen et al.，2013）。基于俄罗斯同步进行监管改革的市场环境，Kim（2016）将 IFRS 的采用与法规执行效果分离开来，验证了 IFRS 的采用对上市公司财务报告质量的影响。其研究结果表明，监管对上市公司报告质量的个别影响是无法察觉的，而采用 IFRS 改革的增量效应及这两个组成部分的共同影响是显著的。总体来说，俄罗斯实施 IFRS 显著改善了财务报告的质量，执行效果较好。需要注意的是，俄罗斯采用 IFRS 对会计质量产生影响的文献是基于俄罗斯独特的法律监管和报告环境，其实证结果可能很难推广到其他市场。

总而言之，"一带一路"共建国家已经大部分采用 IFRS，关于采用 IFRS 对会计信息质量的影响及所产生的经济后果（如股票市场反映、权益资本成本、股票流动性等）的学术研究也比较丰富。这些学术研究成果普遍认为，发达经济体执行 IFRS 能够产生积极结果，新兴经济体的结论则不完全一致，但也倾向于认为 IFRS 的执行有助于改善会计信息质量。然而，系统针对"一带一路"共建国家会计信息质量展开实证研究的文献仍然缺乏，而相关国家在经济社会制度、经济发展水平、法律监管、会计师事务所审计等方面存在很多差异，各个相关国家的会计信息能否真正成为"一带一路"共建国家实现"五通发展"所要求的可沟通的商业语言，亟待实证检验。作为可沟通的商业语言，会计信息可比性和会计信息的质量是尤为重要的。会计信息可比性可以保证不同国家的会计信息具备沟通的基础；会计信息质量能够保证不同国家的会计信息具备沟通的内涵。在学术界，普遍采用盈余质量作为会计信息质量的综合指标。为此，后续章节将围绕"一带一路"共建国家会计信息可比性及盈余质量展开实证研究，对"一带一路"共建国家的会计信息质量进行系统的检验。

第 6 章

"一带一路"共建国家会计信息可比性的比较研究

6.1 会计信息可比性的文献综述

学术界最早从国际会计准则的协调开始对会计信息的可比性进行研究,自此,有关会计信息可比性的研究也是长盛不衰。根据我国《企业会计准则——基本准则》,会计信息可比性是会计信息质量的四大特征之一,利用会计信息可比性可以帮助使用者识别会计信息的异同。美国财务会计准则委员会进一步声明:"大多数人认为会计信息具有更高的可比性是一个有价值的目标,但要实现这一目标,不可能把不同的东西变得相似,更不可能把相似的东西变得不同。"这些声明表明,会计信息可比性有两个同等重要的方面:一是相似方面,它表明从事类似经济活动的公司是否报告类似的会计数额;二是不同方面,它表明从事不同经济活动的公司是否报告不同的会计数额。由于会计信息可比性的一个方面的改进并不自动导致另一个方面的改进,在跨国会计信息可比性上采用 IFRS 的整体效益取决于采用 IFRS 是否改善了会计信息可比性的两个方面,或至少在不损害另一个方面的情况下改善了其中一个方面(Yip and Young,2012)。

6.1.1 会计信息可比性的测度方法

会计信息可比性对财务报告质量非常重要。财务报告的服务对象主要是投资者和债权人,目标就是为他们提供高质量的会计信息,帮助其进行投资决策。要实现这样的目标,就必须使每个公司不同时期的会计信息可比及不同公司同一时期的会计信息可比。

最开始研究会计信息可比性测量方法的学者是在会计准则协调的基础上,试图通过对比两套准则之间的差异来衡量它们的差异程度,这种方法可以间接得到会计信息可比性。Rahman 等(1996)选择了会计准则、监管环境都比较相似的澳大利亚和新西兰,并且两国有着紧密的商业关系,来比较它们会计准则的相似程度。他们按照法令是否强制要求的会计准则来对上市公司进行分类匹配,运用马氏距离法进行数据统计,最终得到这两国的会计信息可比性。魏明海(2003)认为基于形式上协调的方法难以定量化来衡量会计信息可比性，因此提出了基于实质性协调的指数法、可比性测定法、盈余管理测定法和收益影响估计法。Fontes 等（2005）提出了三种方法来实现任意两组会计准则之间的趋同程度的衡量，一种方法是基于欧几里得距离概念的一种测量方法，另外两种更好的方法是杰卡德系数（Jaccard index）和斯皮尔曼系数（Spearman index），以此来衡量了1977～2003年葡萄牙的国家会计准则与国际会计准则和IFRS之间的趋同性。杨钰和曲晓辉（2008）基于中国资产确认和计量与IFRS的趋同程度，在Jaccard系数的基础之上进行了修改，首先确定准则比较点，其次对准则要求进行分类，最后运用修订的Jaccard系数，测量各阶段趋同程度。

基于会计准则协调的基础，以上学者对会计信息可比性进行了很多研究，通过比较不同国家准则的差异程度，可以说这些方法在推动各国会计准则协调的进程中有很大的价值。但是以上方法都是间接测量会计信息可比性，还是没有直接计算出衡量会计信息可比性的指标，并且是基于两套不同的准则基础去衡量会计信息可比性。然而，随着全球越来越多的国家开始向IFRS趋同，很多国家执行的会计准则差异越来越小，这样的方法就显得不太科学了，一般一个国家的上市公司大多数是执行同一套会计准则的，这样的方法就没办法从一个国家的公司层面去衡量会计信息可比性。

直到de Franco等（2011）提出了DKV（de Franco, Kothari, Verdi）方法，对公司层面的会计信息可比性提出了衡量指标，将会计系统定义为从经济事件到财务报表的映射，如果两家公司对一组给定的经济事件产生类似的财务报表，它们就有类似的会计系统。他们将股票收益率作为经济事件的代理变量，用会计盈余来代表财务报表，分别对同一行业内的公司进行两两匹配。首先，分别对两家公司连续16个季度的会计盈余和股票收益率进行滚动回归，得到期望的会计盈余，也就是两家公司各自的会计系统转换函数；其次，将其中一家公司代表经济事件的股票收益率代入另外一家公司的会计系统转换函数；再次，计算两家公司期望会计盈余之差的平均值，以此来作为衡量会计信息可比性的指标，该值越大，两家公司之间的会计信息可比性越强；最后，通过对手工收集的卖方分析师报告样本的文本内容进行分析，验证该会计信息可比性指标的结构有效性。其研究结果表明，会计信息可比性度量指标与分析报告中使用的会计信息可比性公司有关，这加强了会计信息可比性度量的结构有效性。随后，Yip 和 Young（2012）除了使用DKV方法的衡量指标，还使用了信息转移的程度、收益和股权账面价值信息内容的相似性来衡量会计信息的可比性。具体来说，就是用已公布的收益与预期收益之间的差额来衡量已宣布公司的异常收益，预期收益用公布前一个月的分析师平均收益预测来表示；然后，为了避免非公告公司在同一天对多个收益公告做出反应，采用事件研究法，计量公司的异常收益，异常收益值越大，两家公司会计信息可比性越强。上述测量会计信息可比性的方法都是基于同一个国家不同公司之间会计信息可比性的比较，并没有在国际层面上对会计信息可比性进行比较，而对于跨国层面来说，会计信息可比性显得更为重要。因此，Lang 等（2010）认为 DKV 方法在美国这样一个单一的监管和制度环境下测试的效果，并不能说明会计信息可比性在跨国环境中必然存在。当盈余变动是在不同的国家之间衡量时，尤其是当不同的国家有不同的报告环境和激励时，盈余变动和财务报表可比性之间的关系就变得特别复杂。因此，该文首次借鉴 DKV 方法，在国际层面上测算了不同国家同行业的两个公司之间的会计信息可比性。曾峻等（2018）进一步在 DKV 方法和 Lang 等（2010）的方法基础之上对会计信息可比性指标进行了改进，在计算出两家公司的会计信息可比性之后，接着计算该公司对某国整个行业内所有公司的会计信息可比性的平均值，最后再计算对所有国家的会计信息可比性的平均值，即某一个公司的会计信息国际可比性。

6.1.2　会计信息可比性的影响因素

会计信息可比性被定义为信息质量，使用户能够识别两组经济现象之间的异同。因此，会计信息可比性是一个重要的指标，用来比较不同公司和不同时期的财务报表质量。目前，大部分的文献都是对会计信息可比性的经济后果进行探讨，而对其影响因素的研究比较少。

首先，学者普遍认为会计准则是影响会计信息可比性最直接的因素，因此，对会计信息可比性最早的研究主要是从会计准则趋同层面进行的。Barth 等（2008）通过对 21 个国家采用国际会计准则的样本公司和采用非美国会计准则的样本公司进行比较，研究了国际会计准则的采用与会计质量的相关性，实证结果表明，国际会计准则提高了会计信息的可比性和质量，并导致会计协调、投资增长和资本成本降低。其中，该研究的样本包括奥地利、葡萄牙、希腊等"一带一路"共建国家,研究结果表明,强制采用 IFRS 提高了欧盟各国的会计信息可比性。DeFond 等（2011）、Yip and Young（2012）的研究都表明，强制采用 IFRS 提高了欧盟各国的会计信息可比性，在采用 IFRS 后期，跨国会计信息可比性大幅增加。然而，Barth 等（2012）、de George 等（2016）基于跨国数据，发现执行 IFRS 对会计信息可比性的影响比较微弱，主要还是因为每个国家的商业制度、文化等不一样。

其次，会计信息可比性除了受到 IFRS 趋同的影响，同时，在很大程度上也会受到市场环境及各国法律文化的影响。袁知柱等（2017）、张永杰和潘临（2018）通过对客户集中程度及投资者的保护程度方面进行相关的研究之后发现，会计信息是具有可比性的，由于受到激烈的市场环境的影响，会计信息会产生一定程度的反应，如果投资者可以提供相应的保护，那么就会减少负面的影响。Wang 等（2016）以法治环境为基础进行研究以后发现，在法典法系地区，上市公司提供的会计信息是具有可比性的。Ward 和 Lowe（2017）的研究是从国家文化的角度进行的，对不同国家进行研究以后发现，会计信息可比性会受到文化的影响，同时也会影响到对 IFRS 的接受程度。

最后，公司内部经济活动会反映在企业的会计信息上，企业内部自身的因素也会对会计信息可比性起到制约作用，但是，很少有对此进行研究的文献。Francis 等（2014）通过对同一行业内的两家企业进行研究对比以后发现，如果同一行业内的两家公司具有一样的审计单位，那么两家企业之间的收益就可以进行有效的对比，两家企业披露出来的会计信息就具有参考价值，并且具有可比性。Cascino 和 Gassen（2015）通过研究之后发现，企业对会计准则的运用也会对企业会计信息的准确度造成影响。企业的管理者对企业具有自由裁量权，为了保护自身的利益，对于经营者来说，当面对会计政策和会计方法的选择的时候，大部分的管理者会选择对其经营管理有利的一方，这时，会计信息的可比性就会受到负面影响。

6.2 理论分析和研究假设

会计信息可比性是指会计信息标准化的程度，允许多个组织的财务报表相互比较。这是财务报表的基本要求，也是财务报表使用者所需要的。在学术界，Simmons（1967）首次提出会计信息可比性的概念，他认为会计信息可比性是公司处在相同经济环境中对经济事件做出相同的会计计量和报告。IASB 指出会计信息可比性是决定会计信息质量特征的重要因素，同一家公司不同时期的财务报表相互具有可比性，可以便于投资者了解企业的财务状况变化趋势，而不同国家不同公司同一时期的财务报表也需具备相互参照性，便于投资者评估。要达到这样的效果，就得要求不同企业之间、企业的各个期间都使用同样的会计处理方法来对会计信息进行计量和报告。在会计信息质量特征体系中，会计信息可比性是重要的组成部分，其在经济环境中主要具有双重作用，即决策有用性和受托责任观。企业生产规模扩大而导致企业的所有者和经营者出现了分离，经营者有向所有者汇报其为企业创造的价值的义务，并接受监督，从而出现了受托责任观。会计信息可比性可以帮助所有者横向及纵向地去比较财务报表的差异，从而评价经营者的能力及责任履行情况。决策有用性则是企业的会计信息能为投资者、债权人及其他利益相关者的决策提供帮助的相关信息，满足不同财务报表使用者的需求。而使用者在进行决策时，难免需要利用可比的财务信息来分析、选择和判断。

关于会计信息可比性的影响因素，由上述文献综述可知，由于会计信息可比性的特殊性，它不仅需要本公司的数据，还需要与之相比的公司数据，因此，学术界一直没有找到直接衡量会计信息可比性的方法，前期的文献主要是聚焦于探讨影响会计方法选择的因素，从而间接影响会计信息可比性，如公司本身的特征因素。直到 DKV 方法的提出，de Franco 等（2011）提出了对公司层面的会计信息可比性的衡量指标，其后逐渐掀起了直接检验会计信息可比性的影响因素研究，主要集中探讨 IFRS 执行是否会提高会计信息可比性。

IASB 致力于制定一套高质量的财务报告准则，通过消除不同国家及地区的会计准则差异，推进各国的会计准则国际化趋同进程，从而帮助企业的利益相关者做出正确的决策。欧洲多国的会计准则管理部门普遍认为，在 IFRS 的使用越来越普遍的今天，欧洲的企业也应加入其中，从而快速提升欧洲企业的会计信息透明度和可比性，便于提升欧洲企业的吸引力，为欧洲经济的发展助力。综上所述，多国的管理机构都希望通过国际会计准则的实施来提升会计信息的可比性。目前，由于会计信息可比性的相关研究起步晚，文献主要集中研究会计信息可比性产生的经济后果，所以，关于研究会计信息可比性影响因素的文献并不多。学术界普遍认为，广泛采用 IFRS 能够使财务报表在各国之间更具可比性，IFRS 会对会计信息可比性产生直接影响。然而，强制使用一套关于可比性的会计准则的实际效果仍然是一个悬而未决的问题。正如 Ball（2006）指出的那样，"几乎没有固定的理论或证据来说明建立一个国家内部统一会计准则的利弊评估，更不用说在国际层面上"。因此，采用 IFRS 的利弊在某种程度上是一种推测。

在跨国样本的研究中，Barth 等（2008）通过对 21 个国家采用国际会计准则的样本公司和采用非美国会计准则的样本公司进行比较，研究了国际会计准则的采用与会计质量的相关性，实证结果表明，国际会计准则提高了会计信息的可比性和质量，并使得会计协调、投资增长和资本成本降低。该研究的样本包括奥地利、葡萄牙、希腊等"一带一路"共建国家，研究结果表明，强制采用 IFRS 提高了欧盟各国的会计信息可比性。DeFond 等（2011）、Yip 和 Young（2012）的研究都表明，强制采用 IFRS 提高了欧盟各国的信息可比性，在采用 IFRS 后期，跨国会计信息可比性大幅增加。然而，Barth 等（2012）和 de George 等（2016）基于跨国数据，发现执行 IFRS 对会计信息可比性的影响会受到不同国家的文化、政治及商业制度差异等因素的影响。关于"一带一路"共建国家采用 IFRS 对会计信息可比性的作用大小基本上都是限于研究某一个国家，并且研究的文献并不多，也没有跨国样本的研究。比如，Ha 等（2013）比较了韩国 2009～2010 年和 2012～2013 年采用 IFRS 前后的差异，结果表明，采用 IFRS 后，财务报表的可比性有所提高。他们将这一结果归因于一个事实，即 IFRS 属于原则导向的会计准则，同一行业的公司倾向于选择类似的会计处理方法。Cheon 和 Ha（2011）则认为 IFRS 下的经营损益信息可能会降低财务报表的可比性，造成财务报表使用者之间的混淆。易阳等（2017）通过研究 2007 年我国执行新会计准则后的股票市场，发现我国 A 股、港股及 H 股的企业财务报告可比性存在显著提升。基于以上分析，本书提出假设 1。

假设 1："一带一路"共建国家中，完全执行或全面趋同 IFRS 的国家，其会计信息的国际可比性更好。

6.3 数据来源、变量设计及实证检验

6.3.1 样本选择和数据来源

本书从"一带一路"共建国家的跨国样本视角来比较各国的会计信息质量差异，由于"一带一路"共建国家的发达程度不一，差距比较大，因此，在样本选择过程中，考虑了以下三个方面。首先，本书选取样本国家时首先排除了没有资本市场的国家，如阿富汗、冈比亚、利比里亚、多哥等，尽管这些国家要求国内上市公司执行 IFRS，但这些国家并没有证券交易市场；其次，发达国家的资本市场比较完善，并且相关国家中发达国家数量比较少，因此，本章选取了全部的发达国家样本；最后，其余相关国家都是非发达经济体，分布在亚洲、非洲和美洲，在这些国家中，有些国家虽然有证券市场，但上市公司数量较少，在初始样本处理过程中由于数据缺失或可比性指标在计算时无法满足连续多年的财务数据需要，如菲律宾、巴拿马、苏里南等国家的数据不能完全符合要求，因此无法将其包括在研究样本中，在最终的研究样本中，非发达国家的样本包括了全部的新兴市场国家，但只包括部分非新兴市场国家样本。

基于上述样本选取原则，具体而言，从"一带一路"共建国家中选择了韩国、新加坡、新西兰、意大利、葡萄牙、希腊 6 个发达国家和中国、南非、尼日利亚、土耳其、沙特阿拉伯、俄罗斯、巴基斯坦、马来西亚、斯里兰卡、越南、泰国 11 个非发达国家，一共选取了"一带一路"共建国家中的 17 个国家的上市公司的数据进行研究，其中，中国、马来西亚、土耳其、沙特阿拉伯、俄罗斯、南非这 6 个国家为新兴市场国家（根据国际货币基金组织《世界经济展望报告》划分）。斯里兰卡、泰国、越南这 3 个国家未完全执行 IFRS，而其他 14 个国家完全执行或全面趋同 IFRS。时间范围从 2010 年至 2019 年，因为"一带一路"倡议在 2013 年提出，在 2015 年快速推进实施，并且在计算会计信息国际可比性指标时需要滞后三期，所以最终回归的年份是 2016 年至 2019 年的面板数据。计算会计信息国际可比性和模型回归要用到的数据均来自 Worldscope 数据库。表 6.1 显示了每个国家的 Worldscope 数据库中所包含的公司数量。从样本中剔除了金融、保险和房地产公司［标准产业代码（Standard Industrial Code，SIC）6000~6999］，因为它们具有特殊的经营性质，并受到额外规定的约束。本书还从样本中剔除了不报告合并财务报表的公司和样本缺失值。最后，我们将样本限制在会计年度结束于 12

月 31 日的公司，以确保每个公司有相同的样本期间，最终得到 4321 家上市公司和 16 966 个样本。从表 6.1 可以看出，未完全执行 IFRS 的样本量相对于完全执行或全面趋同 IFRS 的样本量较少，为了增强本书结论的稳健性，运用倾向评分匹配（propensity score matching，PSM）方法在对照组样本中进行配对选择，来验证假设 1。经过样本匹配后，得到 4536 个样本。为了防止极端值影响回归结果，本章对所有连续变量进行上下 1%的缩尾处理。本章主要使用了 Excel 2016 和 Stata 16.0 进行数据处理和分析。

表 6.1 样本分布情况

国家	上市公司数量/家	年报样本数量/个	强制执行 IFRS 情况
新加坡	208	832	2005 年 1 月 1 日起，强制执行与 IFRS 全面趋同的会计准则
新西兰	8	32	2007 年 1 月 1 日起，强制执行与 IFRS 全面趋同的会计准则
韩国	1261	5044	2011 年 1 月 1 日起，强制执行 IFRS
意大利	123	492	2005 年 1 月 1 日起，强制执行 IFRS
葡萄牙	27	108	2005 年 1 月 1 日起，强制执行 IFRS
希腊	82	328	2005 年 1 月 1 日起，强制执行 IFRS
中国	1260	5040	2007 年 1 月 1 日起，强制执行与 IFRS 全面趋同的会计准则
土耳其	154	616	2005 年 1 月 1 日起，强制执行 IFRS
沙特阿拉伯	82	328	2009 年 1 月 1 日起，强制执行 IFRS
俄罗斯	74	296	2012 年 1 月 1 日起，强制执行 IFRS
南非	32	128	2003 年 1 月 1 日起，强制执行 IFRS
尼日利亚	16	64	2011 年 1 月 1 日起，强制执行 IFRS
马来西亚	306	1224	2012 年 1 月 1 日起，强制执行 IFRS
巴基斯坦	19	76	2008 年 1 月 1 日起，强制执行 IFRS
斯里兰卡	16	64	未完全执行 IFRS
泰国	330	1002	未完全执行 IFRS
越南	323	1292	未完全执行 IFRS

6.3.2 会计信息国际可比性的度量

虽然会计信息可比性、盈余质量及稳健性等都是会计信息质量的重要特征，但是会计信息可比性的指标没办法直接通过公司自身的财务数据计算得到。因为要计算可比性指标，还需要比较公司的财务数据，并且要建立合理的模型来计算公司间的会计信息可比性（曾峻等，2018）。

de Franco 等（2011）创新性地提出了 DKV 方法，对公司层面的会计信息可比性提出了衡量指标，将会计系统定义为从经济事件到财务报表的映射，如果两家公司对一组给定的经济事件产生类似的财务报表，它们就有类似的会计系统。

他们将股票收益率作为经济事件的代理变量,用会计盈余来代表财务报表,分别对同一行业内的公司进行两两匹配。首先,分别对两家公司连续 16 个季度的会计盈余和股票收益率进行滚动回归,得到期望的会计盈余,也就是两家公司各自的会计系统转换函数;其次,将其中一家公司代表经济事件的股票收益率代入另外一家公司的会计系统转换函数;最后,计算两家公司期望会计盈余之差的平均值,以此来作为衡量会计信息可比性的指标,该值越大,两家公司之间的会计信息可比性越强。Lang 等(2010)在 DKV 方法的基础上进行了改进,首次测量了跨国公司间的会计信息可比性。曾峻等(2018)又对 Lang 的方法进行了改进,计算了某一个国家的每一个公司对所有国家会计信息可比性的指标。本章借鉴 DeFond 等(2011)的 DKV 方法和 Lang 等(2010)的 ECOV 方法及曾峻等(2018)进一步改进的方法来计算会计信息国际可比性的指标。具体计算过程如下。

首先,我们要测算不同国家同一行业内公司之间的会计信息可比性,即 a 国的 i 公司和 b 国的 j 公司之间的会计信息可比性。我们以 Earnings 作为会计盈余的替代变量,其等于公司本年非经常性项目和优先股息之前的净收入除以年末普通股的市场价值,再乘以 1000;RET 是经济业务的替代变量,等于年初股票收益除以年末股票收益后减 1。先用连续 4 年(第 $t-3$ 年到第 t 年)的会计盈余和经济业务对 i 公司与同行业的 j 公司进行回归,回归模型如式(6.1)所示。

$$\text{Earnings}_{i,t} = \beta_{0,i} + \beta_{1,i}\text{RET}_{i,t} + \varepsilon_{i,t} \quad (6.1)$$

通过式(6.1),我们可以得到回归系数,$\hat{\beta}_{0,i}$ 和 $\hat{\beta}_{1,i}$ 分别表示 i 公司的会计转换函数,同理,$\hat{\beta}_{0,j}$ 和 $\hat{\beta}_{1,j}$ 分别代表 j 公司的会计转换函数。然后,将 i 公司的经济业务 $\text{RET}_{i,t}$ 分别代入转换函数式[式(6.2)和式(6.3)],得到两家公司的期望盈余 $E(\text{Earnings})_{i,i,t}$ 和 $E(\text{Earnings})_{i,j,t}$。

$$E(\text{Earnings})_{i,i,t} = \hat{\beta}_{0,i} + \hat{\beta}_{1,i}\text{RET}_{i,t} \quad (6.2)$$

$$E(\text{Earnings})_{i,j,t} = \hat{\beta}_{0,j} + \hat{\beta}_{1,j}\text{RET}_{i,t} \quad (6.3)$$

计算出两家公司的期望盈余后,i 公司和 j 公司之间的会计信息可比性 $\text{ACOMP}_{i,j,t}$ 就可以用式(6.4)来定义。

$$\text{ACOMP}_{i,j,t} = -\frac{1}{4}\sum_{t-3}^{t}\left|E(\text{Earnings})_{i,i,t} - E(\text{Earnings})_{i,j,t}\right| \quad (6.4)$$

式(6.4)是两家公司之间的会计信息国际可比性。

其次,要得到 a 国 i 公司对 b 国同行业 n 家公司的会计信息可比性,继续重复上面的步骤,计算出 i 公司对这 n 家公司全部的会计信息可比性,我们把这些会计信息可比性的平均数作为 i 公司对 b 国的会计信息可比性,记作 $\text{COACOMP}_{i,b,t}$,

如式（6.5）所示。

$$\text{COACOMP}_{i,b,t} = \frac{1}{n}\sum_{j=1}^{n}\text{ACOMP}_{i,j,t} \qquad (6.5)$$

由于我们是采用跨国样本，假设共有 m 个国家，最后由式（6.5），我们可以算出 i 公司对所有国家的会计信息可比性，再计算其平均数就可以得到 i 公司的综合会计信息国际可比性，记作 $\text{INACOMP}_{i,t}$，如式（6.6）所示。

$$\text{INACOMP}_{i,t} = \frac{1}{m}\sum_{b=1}^{m}\text{COACOMP}_{i,b,t} \qquad (6.6)$$

$\text{INACOMP}_{i,t}$ 就是本章要计算的会计信息国际可比性指标。

6.3.3 模型建立

为了验证假设 1，本书参考 DeFond 等（2011）、Lang 等（2010）、谢盛纹和刘杨晖（2016）及曾峻等（2018），通过估计式（6.7）来分析 IFRS 与会计信息国际可比性之间的关系。

$$\begin{aligned}\text{INACOMP}_{i,t} = &\beta_0 + \beta_1\text{IFRS} + \beta_2\text{SIZE}_{i,t} + \beta_3\text{LEV}_{i,t} + \beta_4\text{EPS}_{i,t} + \beta_5\text{ROA} + \beta_6\text{LIQUI} \\ &+ \beta_7\text{GROWTH} + \beta_8\text{TOP1} + \beta_9\text{TOP5} + \beta_{10}\text{INDEP} + \sum\text{YEAR} + \sum\text{IND} + \varepsilon_{i,t}\end{aligned} \qquad (6.7)$$

其中，INACOMP 表示会计信息国际可比性；IFRS 表示是否完全执行或全面趋同 IFRS，完全执行或全面趋同 IFRS，其值为 1，否则为 0。其他控制变量的具体含义见表 6.2。

表 6.2 变量的定义及说明

变量	定义
Earnings	公司本年非经常性项目和优先股息之前的净收入除以年末普通股的市场价值，再乘以 1000
RET	年初股票收益除以年末股票收益后减 1
INACOMP	公司对所有国家的会计信息国际可比性，计算公式见 6.3.2 节
IFRS	虚拟变量，如果公司完全执行或全面趋同，IFRS 为 1，否则为 0
SIZE	公司规模，用上市公司期末总资产的自然对数衡量
LEV	资产负债率，用期末负债总额除以期末资产总额衡量
EPS	每股收益，等于净利润/总股本
ROA	总资产收益率，用净利润除以期末资产总额衡量
LIQUI	现金替代物，等于营运资本减去货币资金再除以总资产
GROWTH	营业收入增长率，用主营业务收入年度增长的比率衡量
BIG4	虚拟变量，如果公司是由四大会计师事务所审计，BIG4 为 1，否则为 0
YEAR	年度控制变量
IND	行业控制变量

Lang 等（2010）指出目前还没有比较成熟的控制变量来解释会计信息可比性，

因此本章参考 DeFond 等（2011）、Lang 等（2010）、Barth 等（2012）、Francis 等（2014）、谢盛纹和刘杨晖（2016）及曾峻等（2018）等相关文献，对可能影响会计信息可比性的变量进行了控制，主要包括公司规模（SIZE）、资产负债率（LEV）、每股收益（EPS）、总资产收益率（ROA）、现金替代物（LIQUI）、营业收入增长率（GROWTH），以此来消除研究样本的资产规模、偿债能力、盈利能力等基本特征对会计信息国际可比性的影响。

由于"一带一路"共建国家经济发展、资本市场成熟程度、会计与法律监管等存在显著差异，会计信息会存在明显差异，所以预计"一带一路"共建国家的会计信息可比性会存在系统性差异。

6.3.4 实证结果

1. 描述性统计

表6.3给出了假设1主要变量的描述性统计情况，一共是17个国家16 966个样本。会计信息国际可比性平均值为−0.163，最小值为−0.825，最大值为−0.043，这说明由于"一带一路"共建国家的发达程度不一，会计信息国际可比性的差距比较大，各国执行 IFRS 的力度有差别。完全执行或全面趋同 IFRS 的平均值是0.846，中位数是1.000，这说明跨国样本中绝大部分国家都完全采用 IFRS 或者与 IFRS 实质性趋同。在控制变量中，公司规模标准差较大，这说明跨国样本公司规模之间存在较大差异。

表6.3 假设1主要变量的描述性统计

变量名称	变量	样本数	平均值	中位数	最小值	最大值	标准差
会计信息国际可比性	INACOMP	16 966	−0.163	−0.111	−0.825	−0.043	0.149
IFRS	IFRS	16 966	0.846	1.000	0.000	1.000	0.361
公司规模	SIZE	16 966	23.588	23.462	18.608	28.430	2.761
资产负债率	LEV	16 966	0.447	0.453	0.103	0.808	0.203
每股收益	EPS	16 966	0.048	0.057	−0.351	0.280	0.126
总资产收益率	ROA	16 966	0.037	0.036	−0.116	0.157	0.058
现金替代物	LIQUI	16 966	0.081	0.067	−0.282	0.469	0.199
营业收入增长率	GROWTH	16 966	0.032	0.049	−0.522	0.451	0.203

2. 相关性分析

本书选择皮尔逊相关系数（Pearson correlation coefficient）就是否完全执行或全面趋同 IFRS 对会计信息国际可比性的影响的相关变量进行相关性检验，从而衡量 IFRS 与会计信息国际可比性之间的相关密切程度，为下文的回归分析提供初步的条件。表6.4展示了各变量间的相关系数。

表 6.4　假设 1 主要变量的皮尔逊相关性分析

变量	INACOMP	IFRS	SIZE	LEV	EPS	ROA	LIQUI	GROWTH
INACOMP	1.000							
IFRS	0.100***	1.000						
SIZE	−0.019***	0.057***	1.000					
LEV	−0.151***	−0.041***	0.147***	1.000				
EPS	−0.295***	−0.151***	0.077***	−0.129***	1.000			
ROA	−0.245***	−0.131***	0.060***	−0.187***	0.920***	1.000		
LIQUI	0.126***	0.020**	0.141***	−0.596***	0.166***	0.190***	1.000	
GROWTH	−0.141***	−0.080***	0.032***	0.063***	0.290***	0.279***	−0.009	1.000

***、**分别表示在 1%、5%的水平上统计显著

IFRS 与会计信息国际可比性的相关系数为 0.100，并且在 1%的水平上显著，两者之间呈正相关关系，初步可以推断完全执行或全面趋同 IFRS 的上市公司，其会计信息国际可比性更强，与我们的假设 1 相符，假设 1 得到不完备的初步检验。公司规模与会计信息国际可比性的相关系数是−0.019，并且在 1%的水平上显著，两者之间呈负相关关系，可能是因为规模越大的公司，其业务越繁多，加之 IFRS 是原则性导向的准则，对经济业务的会计处理并不会规定得很详细，由此对会计信息国际可比性产生了负面的影响。资产负债率与会计信息国际可比性的相关系数为−0.151，并且在 1%的水平上显著，两者之间呈负相关关系，这说明资产负债率高的公司，其负债水平太高，会对企业融资造成影响，因此企业有可能会做出粉饰报表的行为，降低了会计信息国际可比性。代表盈利能力的指标每股收益和总资产收益率也都分别与会计信息国际可比性呈负相关关系，这说明公司为了一直保持比较高的盈利水平，可能会做出收益平滑的行为，对会计信息国际可比性产生负面影响。

3. PSM

由 6.3.1 可知，未完全执行 IFRS 的国家比较少，样本量相对较小，因此，为了增强假设 1 检验结论的稳健性，本章对全样本运用 PSM 方法，在对照组样本中进行配对选择，将未完全执行 IFRS 的样本公司在多个维度上与其特征相似的完全执行或全面趋同 IFRS 的样本公司进行匹配。选取了公司规模、资产负债率、每股收益、总资产收益率等协变量构造与实验组具有一定相似性的对照组作为新的样本，采用 1:1 的最近邻无放回的匹配方法来构建控制组。

表 6.5 和表 6.6 分别为样本 PSM 前后的平衡性检验结果及样本 PSM 前后的差异比较。如表 6.5 所示，在进行 PSM 之前，处理组和控制组公司的各协变量除资

产负债率以外对应的 p 值[1]都等于 0.000，这表明样本之间差异表现显著因而具有选择偏差，我们有必要对其进行匹配；在 PSM 之后，再次检验数据平衡性，此时各协变量对应的 p 值都大于 0.050，这表明处理组和控制组公司的主要特征均不存在显著差异，样本的选择偏差被消除。如表 6.6 所示，匹配后样本 B 值等于 12.2，R 值[2]等于 0.91，Rosenbaum 和 Rubin(1983)指出，当 B 小于 25%且 R 在[0.50, 2.00]区间内时，匹配后的样本是充分平衡的。由此可见，通过 PSM，协变量在完全执行或全面趋同 IFRS 的样本公司与未完全执行 IFRS 的样本公司之间的差异显著减小，使实验组和对照组样本数据分布更加均衡，增强假设 1 检验结果的稳健性。

表 6.5　样本 PSM 前后平衡性检验结果

变量	匹配情况	平均值 处理组	平均值 控制组	标准化偏差	标准化偏差减少幅度	t 检验 t	t 检验 $p>\|t\|$
SIZE	未匹配	24.645	24.341	11.3%	71.0%	3.75	0.000
	匹配	24.645	24.733	−3.3%		−1.18	0.237
LEV	未匹配	0.463	0.458	2.2%	−68.3%	1.34	0.181
	匹配	0.463	0.455	3.7%		1.23	0.220
EPS	未匹配	0.075	0.062	10.5%	60.7%	3.49	0.000
	匹配	0.075	0.070	4.1%		1.48	0.139
ROA	未匹配	0.051	0.045	11.6%	70.4%	3.86	0.000
	匹配	0.051	0.050	3.4%		1.24	0.217
LIQUI	未匹配	0.107	0.086	10.6%	86.4%	3.51	0.000
	匹配	0.107	0.104	1.4%		0.52	0.606
GROWTH	未匹配	0.006	0.034	−18.4%	87.1%	−6.09	0.000
	匹配	0.006	0.131	−7.6%		−0.61	0.613

表 6.6　样本 PSM 前后差异比较

样本	Ps R^2	LR chi2	$p>$chi2	平均标准化偏差	中位数标准化偏差	B	R	Var
未匹配	0.008	49.62	0.000	7.8	10.5	21.4	1.44	5%
匹配	0.003	19.21	0.004	4.3	3.6	12.2	0.91	3%

4. 回归结果分析

为验证假设 1，本章使用了 17 个 "一带一路" 共建国家的样本，对是否完全执行或全面趋同 IFRS 对会计信息国际可比性进行回归分析，表 6.7 展示了模型（6.7）的回归结果。

---

[1] p 值是用来判定假设检验结果的一个参数。当原假设为真时，比所得到的样本观察结果更极端的结果出现的概率。p 值越小，表明结果越显著。

[2] B 值和 R 值主要是用于判断配对后的样本是否平衡。

表 6.7　IFRS 对会计信息国际可比性的影响（一）

变量	INACOMP
常量	0.140*** （14.14）
IFRS	0.018*** （8.36）
SIZE	−0.001*** （−2.79）
LEV	−0.102*** （−15.11）
EPS	−0.549*** （−24.89）
ROA	−0.624*** （−12.96）
LIQUI	0.011 （1.57）
GROWTH	−0.057*** （−10.20）
YEAR	控制
IND	控制
调整 R^2	0.117 7
样本量	16 966

***表示在 1%的水平上统计显著（双尾检验）；括号中的数据为 t 值[①]

IFRS 与会计信息国际可比性的回归系数是 0.018，t 值是 8.36，并且在 1%的水平上显著，两者之间呈正相关关系，这表明完全执行或全面趋同 IFRS 的上市公司的会计信息国际可比性强，验证了本章的假设 1。"一带一路"共建国家在经济、政治、文化、法制上都相差比较大，既有发达国家也有非发达国家，完全采用 IFRS 或者与 IFRS 实质性趋同确实可以增强各国会计信息国际可比性，有利于实现各国金融互通的目标，促进相关国家资本的流动。公司规模与会计信息国际可比性的回归系数是−0.001，并且在 1%的水平上显著，两者之间呈负相关关系，可能是因为规模越大的公司，其业务越繁多，加之 IFRS 是原则性导向的准则，对经济业务的会计处理并不会规定得很详细，由此对会计信息国际可比性产生了负面影响。资产负债率与会计信息国际可比性的回归系数为−0.102，并且在 1%的水平上显著，两者之间呈负相关关系，这说明资产负债率越高的公司，其会计信息国际可比性越低，可能是企业在进行融资时，不管是银行还是投资者，都对资产负债率有一定的要求。资产负债率越高的企业，财务风险相对越高，可能会导致现金流不足，资金链断裂，不能及时偿债，进一步导致融资成本加剧，因此企业会选择性地执行 IFRS 的规定，导致会计信息国际可比性下降。每股收益和总资产收益率也都分别与会计信息国际可比性呈负相关关系，并且在 1%的水平上显著，这可能是因为盈利能力强的公司，为了将其盈利保持在一个较高的水平，可能会进行收

[①] t 值是统计量，根据 t 值可以判断 p 值进而判断模型是否显著。

益平滑，降低公司的会计信息国际可比性。营业收入增长率与会计信息国际可比性的回归系数为 –0.057，并且在 1% 的水平上显著，这说明处于成长期的公司，其会计信息国际可比性会下降。而现金替代物与会计信息国际可比性的系数虽然为正，但是并不显著。表 6.8 为 PSM 后的样本回归结果。由表 6.8 可以看出，IFRS 与会计信息国际可比性的回归系数是 0.008，t 值是 2.02，并且在 5% 的水平上显著，两者之间呈正相关关系，这表明完全执行或全面趋同 IFRS 的上市公司，其会计信息国际可比性更强，与全样本的主回归结果一致，验证了假设 1。控制变量与全样本的回归结果基本保持一致。

表 6.8 PSM 后 IFRS 对会计信息国际可比性的影响

变量	INACOMP
常量	0.039 （1.21）
IFRS	0.008** （2.02）
SIZE	–0.001* （–1.5）
LEV	–0.079*** （–6.47）
EPS	–0.640*** （–16.32）
ROA	–0.986*** （–11.12）
LIQUI	0.020 （1.63）
GROWTH	–0.038*** （–3.81）
YEAR	控制
IND	控制
调整 R^2	0.2556
样本量	4536

***、**、* 分别表示在 1%、5% 和 10% 的水平上统计显著（双尾检验）；括号中的数据为 t 值

6.4 进一步研究

正如前文指出的，执行 IFRS 对会计信息质量的影响可能因所在国家经济社会发展水平、事务所质量、公司治理、外部监管等存在差异而表现有所不同。因此，本章继续从多个角度检验是否完全执行或全面趋同 IFRS 对会计信息国际可比性的影响。

6.4.1 非发达国家是否完全执行 IFRS 对会计信息国际可比性的影响

在对全样本进行回归之后，我们发现完全执行或全面趋同 IFRS 的国家的上市

公司，相对来说，其会计信息国际可比性会更高。由于"一带一路"共建国家中的发达国家都完全执行了 IFRS，而非发达国家中的一部分国家完全执行了 IFRS，另一部分国家则未完全执行 IFRS，因此，接下来我们单独对非发达国家样本进行回归分析，其回归结果如表 6.9 所示。

表 6.9 非发达国家执行 IFRS 对会计信息国际可比性的影响（一）

变量	INACOMP
常量	0.231*** （7.60）
IFRS	0.260*** （3.60）
SIZE	−0.005 （−0.40）
LEV	−0.484*** （2.83）
EPS	−0.120** （−2.45）
ROA	−0.272*** （−7.32）
LIQUI	0.126 （0.83）
GROWTH	−0.015*** （−7.3）
YEAR	控制
IND	控制
调整 R^2	0.011 3
样本量	10 286

***、**分别表示在 1%、5%的水平上统计显著（双尾检验）；括号中的数据为 t 值

由表 6.9 可以看出，IFRS 与会计信息国际可比性的回归系数是 0.260，并且在 1%的水平上显著，两者之间呈正相关关系，这与我们全样本的回归得到的结果一致，即完全执行或全面趋同 IFRS 的国家的上市公司，其会计信息国际可比性更强。这说明对非发达国家来说，使用一套高质量的会计准则是有必要的，可以对其经济业务活动进行规范，提高其会计信息质量，增强与其他国家之间会计信息的国际可比性。

6.4.2 非发达国家分为由四大会计师事务所和非四大会计师事务所审计检验是否完全执行或全面趋同 IFRS 对会计信息国际可比性的影响

虽然上述两个回归检验都证明了本书的假设 1 成立，但是，正如 Barth 等（2012）所说，虽然无法想象如果不使用一套全球统一的高质量会计准则，该如何去实现会计信息国际可比性，但是，使用 IFRS 仅仅是实现会计信息国际可比性的一个必要步骤，并不是充分步骤，因为对于任何一套财务报告准则而言，即使

其质量再高，也必须要得到严格的执行和必要的审计及监管机构的监管才能发挥作用。目前从微观层面探讨对会计信息国际可比性影响的文献不是很多。Francis 等（2014）研究了审计风格对会计信息可比性的影响，结果表明，由同一四大会计师事务所审计的两家公司，在相同审计风格的约束下，比由两家不同风格的四大会计师事务所审计的两家公司具有更高的会计信息国际可比性。谢盛纹和刘杨晖（2016）研究发现，变更审计师的公司，其会计信息国际可比性会比未变更审计师的公司弱，这表明审计因素对会计信息国际可比性有影响。袁振超和韦小泉（2018）研究发现，审计师专长水平的高低也会对会计信息国际可比性造成影响。由此可见，审计是影响会计信息国际可比性的一个重要因素。基于此，本章认为上市公司是否由四大会计师事务所审计也会对会计信息国际可比性产生影响，因此，对全样本再次进行分组，按照上市公司是否由全球四大会计师事务所审计来分组，其回归结果如表6.10所示。

表6.10 非发达国家由四大会计师事务所与非四大会计师事务所审计分组检验IFRS对会计信息国际可比性的影响（一）

变量	INACOMP	
	由四大会计师事务所审计	由非四大会计师事务所审计
常量	0.155*** （4.39）	0.128*** （9.39）
IFRS	0.023*** （6.23）	0.002 （0.65）
Controls	控制	控制
YEAR	控制	控制
IND	控制	控制
调整 R^2	0.2059	0.2484
样本量	3109	7336

***表示在1%的水平上统计显著（双尾检验）；括号中的数据为 t 值

由表6.10可以看出，由全球四大会计师事务所审计的公司，其IFRS与会计信息国际可比性的回归系数是0.023，并且在1%的水平上显著，两者之间呈正相关关系；而由非四大会计师事务所审计的上市公司，虽然方向为正，但并不显著。这说明在非发达国家中，由四大会计师事务所审计的上市公司，其会计信息国际可比性更高。

6.4.3 四大会计师事务所和非四大会计师事务所审计对完全执行或全面趋同IFRS的国家的上市公司会计信息国际可比性的影响

在进一步研究中，本书对完全执行或全面趋同IFRS的国家单独进行检验，主要考察是否由四大会计师事务所审计对会计信息国际可比性的影响，表 6.11 是其回归结果。由表 6.11 可以看出，BIG4 与会计信息国际可比性的回归系数为 0.009，并且在 5%的水平上显著，这说明完全执行或全面趋同 IFRS 的国家，其执行质量会受到是否由四大会计师事务所审计的影响，由四大会计师事务所审计的上市公司，其会计信息国际可比性更强。

表 6.11　BIG4 对完全执行或全面趋同 IFRS 的国家的会计信息国际可比性的影响（一）

变量	INACOMP
常量	0.103*** （5.29）
BIG4	0.009** （3.96）
SIZE	−0.002*** （−4.45）
LEV	−0.065** （−9.11）
EPS	−0.533*** （−23.54）
ROA	−0.548*** （−11.09）
LIQUI	0.016** （2.23）
GROWTH	−0.045** （−7.58）
YEAR	控制
IND	控制
调整 R^2	0.238 7
样本量	14 350

***、**分别表示在 1%、5%的水平上统计显著（双尾检验）；括号中的数据为 t 值

6.4.4　中国与其他"一带一路"共建国家会计信息国际可比性比较

在进一步研究中，本节以中国为例，分别比较中国与未完全执行 IFRS 的国家、中国与发达国家及中国与其他新兴市场国家的会计信息国际可比性差异，从而为未来中国在会计监管的多边或双边合作提供经验证据（由于样本中其他发展中国家的样本量比较小，因此未将中国与其他发展中国家的会计信息可比性进行对比分析）。

首先，表 6.12 展示了中国与未完全执行 IFRS 的国家（斯里兰卡、泰国、越南）的会计信息国际可比性比较的回归结果。

表 6.12　中国与未完全执行 IFRS 的国家的会计信息国际可比性比较（一）

变量	INACOMP
常量	0.424*
	（1.81）
IFRS	0.060**
	（2.00）
SIZE	−0.022***
	（−2.70）
LEV	−0.187**
	（−2.24）
EPS	−2.441***
	（−7.29）
ROA	−2.842***
	（−3.97）
LIQUI	0.191***
	（2.71）
GROWTH	0.136**
	（2.33）
YEAR	控制
IND	控制
调整 R^2	0.0285
样本量	7644

***、**、*分别表示在1%、5%和10%的水平上统计显著（双尾检验）；括号中的数据为 t 值

由表 6.12 可以看出，IFRS 与会计信息国际可比性的回归系数为 0.060，并且在 5%的水平上显著，这说明中国的上市公司的会计信息国际可比性比未完全执行 IFRS 的国家的上市公司更好。公司规模与会计信息国际可比性的回归系数为 −0.022，并且在 1%的水平上显著；资产负债率与会计信息国际可比性的回归系数为 −0.187，并且在 5%的水平上显著，这说明资产负债率越高的公司，其会计信息国际可比性越差。

其次，除了上述 3 个国家外，样本中的其他国家都完全执行或全面趋同 IFRS，因此，为了比较中国与其他国家会计信息国际可比性的差异，在模型（6.7）基础上再加入虚拟变量 NATION，如果是中国的上市公司，其值则为 1，否则为 0。

表 6.13 展示了中国与 6 个发达国家（新加坡、新西兰、韩国、意大利、葡萄牙、希腊）的会计信息国际可比性比较的回归结果。

表 6.13　中国与 6 个发达国家的会计信息国际可比性比较

变量	INACOMP	
	中国 vs 发达国家	中国 vs 韩国
常量	0.135***	−0.005
	（6.82）	（−0.16）
NATION	−0.030***	−0.010**
	（−11.85）	（−2.24）

续表

变量	INACOMP	
	中国 vs 发达国家	中国 vs 韩国
SIZE	−0.002*** （−4.95）	0.003*** （3.03）
LEV	−0.060*** （−7.99）	−0.049*** （−6.21）
EPS	−0.531*** （−20.69）	−0.507*** （−19.20）
ROA	0.577*** （10.33）	0.624*** （11.13）
LIQUI	−0.022*** （−3.00）	−0.021*** （−2.94）
GROWTH	−0.042*** （−6.72）	−0.035 （−5.76）
YEAR	控制	控制
IND	控制	控制
调整 R^2	0.263 4	0.354 2
样本量	11 708	10 037

***、**分别表示在1%、5%的水平上统计显著（双尾检验）；括号中的数据为 t 值

由表6.13可知，NATION与会计信息国际可比性的回归系数为−0.030，并且在1%的水平上显著，这说明中国的上市公司与6个发达国家的上市公司相比，其会计信息国际可比性更低。单独从中国与韩国的会计信息国际可比性比较来看，NATION与会计信息国际可比性的回归系数为−0.010，并且在5%的水平上显著，这初步说明韩国的会计信息国际可比性高于中国。没有单独比较中国与另外5个发达国家的会计信息国际可比性，是因为另外5个发达国家比较小，其样本量也比较少，可能会影响回归结果的可靠性。

表6.14展示了中国与5个其他新兴市场国家（马来西亚、土耳其、沙特阿拉伯、俄罗斯、南非）的会计信息国际可比性比较的回归结果。

表6.14　中国与5个其他新兴市场国家的会计信息国际可比性比较

变量	INACOMP
常量	−0.298 （−1.68）
NATION	0.031*** （8.31）
SIZE	−0.002 （0.570）
LEV	−0.089 （−8.72）
EPS	0.436** （10.38）

续表

变量	INACOMP
ROA	−0.532*** (−6.92)
LIQUI	0.010 (1.41)
GROWTH	0.027** (3.59)
YEAR	控制
IND	控制
调整 R^2	0.3862
样本量	7546

***、**分别表示在1%、5%的水平上统计显著（双尾检验）；括号中的数据为 t 值

由表 6.14 可以看出，NATION 与会计信息国际可比性的回归系数为 0.031，并且在 1% 的水平上显著，这说明中国的上市公司与另外 5 个新兴市场国家相比，其会计信息国际可比性更高。同样，因为样本量的限制，不单独比较中国与每一个新兴市场国家的会计信息国际可比性。

由于样本中的其他发展中国家（巴基斯坦和尼日利亚）样本量较少，本章未再实证检验比较其与我国会计信息可比性。

6.5 稳健性检验

为了使上述结论更加可靠，本章进行了稳健性检验。在计算公司对其他国家的会计信息国际可比性时，我们用的是会计信息国际可比性数值的均值，为了使我们的结论更加稳健，本章将每一个公司与其他国家的会计信息国际可比性数值进行排序，取前四个最大数的平均数，记作 M4_INACOMP，来检验 IFRS 与会计信息国际可比性之间的关系。与上文一样，先单独对非发达国家分组进行回归；在此基础上，再把非发达国家分为由四大会计师事务所审计和非四大会计师事务所审计的两组，来检验假设 1；同时，单独对完全执行或全面趋同 IFRS 的国家进行回归，验证是否由四大会计师事务所审计对这些国家的会计信息国际可比性的影响；最后，单独以中国为主体，来比较中国与共建"一带一路"其他国家的会计信息国际可比性的差异。回归结果分别如表 6.15～表 6.20 所示。与上述结果一致，各回归结果都通过了稳健性的检验，这说明我们的结论有一定的稳定性。对于完全执行 IFRS 的国家，其上市公司的会计信息国际可比性更强；在非发达国家中，由四大会计师事务所审计的上市公司的会计信息国际可比性更好。在完全执行或全面趋同 IFRS 的国家中，由四大会计师事务所审计的上市公司，其会计信息国际可比性更好。中国与未完全执行 IFRS 的国家相比，其会计信息国际可

比性更好；中国相比于发达国家，其会计信息国际可比性较差，但是，比其他新兴市场国家的会计信息国际可比性更高。

表 6.15　IFRS 对会计信息国际可比性的影响（二）

变量	M4_INACOMP
常量	0.136*** （13.92）
IFRS	0.016*** （8.03）
SIZE	−0.001*** （−2.49）
LEV	−0.087*** （−13.29）
EPS	−0.438*** （−23.15）
ROA	−0.547*** （−10.83）
LIQUI	0.009 （1.25）
GROWTH	−0.046*** （−9.85）
YEAR	控制
IND	控制
调整 R^2	0.128 9
样本量	16 966

***、**、*分别表示在1%、5%和10%的水平上统计显著（双尾检验）；括号中的数据为 t 值

表 6.16　非发达国家执行 IFRS 对会计信息国际可比性的影响（二）

变量	M4_INACOMP
常量	0.218*** （7.31）
IFRS	0.237*** （3.28）
SIZE	−0.002 （−0.31）
LEV	−0.367*** （2.43）
EPS	−0.106** （−2.15）
ROA	−0.176*** （−6.25）
LIQUI	0.116 （0.60）
GROWTH	−0.008** （−5.30）

续表

变量	M4_INACOMP
YEAR	控制
IND	控制
调整 R^2	0.012 3
样本量	10 286

***、**分别表示在1%、5%的水平上统计显著（双尾检验）；括号中的数据为 t 值

表6.17 非发达国家由四大会计师事务所与非四大会计师事务所审计分组检验IFRS对会计信息国际可比性的影响（二）

变量	M4_INACOMP	
	由四大会计师事务所审计	由非四大会计师事务所审计
常量	0.189*** （4.91）	0.113*** （8.35）
IFRS	0.019*** （4.75）	−0.003 （−0.74）
Controls	控制	控制
YEAR	控制	控制
IND	控制	控制
调整 R^2	0.2348	0.1165
样本量	3109	7336

***表示在1%的水平上统计显著（双尾检验）；括号中的数据为 t 值

表6.18 BIG4对完全执行或全面趋同IFRS的国家的会计信息国际可比性的影响（二）

变量	M4_INACOMP
常量	0.094*** （4.35）
BIG4	0.006** （2.58）
SIZE	−0.001*** （−3.15）
LEV	−0.047** （−7.64）
EPS	−0.389*** （−21.36）
ROA	−0.437*** （−9.57）
LIQUI	0.009* （1.59）
GROWTH	−0.031** （−6.24）

续表

变量	M4_INACOMP
YEAR	控制
IND	控制
调整 R^2	0.216 9
样本量	14 350

***、**、*分别表示在 1%、5%和 10%的水平上统计显著（双尾检验）；括号中的数据为 t 值

表 6.19　中国与未完全执行 IFRS 的国家的会计信息国际可比性比较（二）

变量	M4_INACOMP
常量	0.369*
	（1.26）
IFRS	0.043*
	（1.47）
SIZE	−0.018***
	（−2.17）
LEV	−0.135**
	（−1.84）
EPS	2.165***
	（6.48）
ROA	−2.069***
	（−2.83）
LIQUI	0.103***
	（1.95）
GROWTH	0.107**
	（1.86）
YEAR	控制
IND	控制
调整 R^2	0.0198
样本量	7644

***、**、*分别表示在 1%、5%和 10%的水平上统计显著（双尾检验）；括号中的数据为 t 值

表 6.20　中国与完全执行或全面趋同 IFRS 的国家的会计信息国际可比性比较

变量	M4_INACOMP 发达国家	M4_INACOMP 韩国	M4_INACOMP 其他新兴市场国家
常量	0.127***	−0.001	−0.218
	−5.74	（−0.06）	（−1.36）
NATION	−0.017**	−0.008*	0.037***
	（−9.48）	（−1.74）	（9.02）
Controls	控制	控制	控制
YEAR	控制	控制	控制
IND	控制	控制	控制
调整 R^2	0.243 8	0.306 7	0.293 6
样本量	11 708	10 037	7 546

***、**、*分别表示在 1%、5%和 10%的水平上统计显著（双尾检验）；括号中的数据为 t 值

第 7 章

"一带一路"共建国家盈余质量的比较分析

7.1 盈余管理的文献综述

盈余管理一直是学术界进行广泛研究的课题。关于盈余管理的概念，会计学界一直存在不同的解释，目前得到学术界普遍认可的有以下三种观点。第一种观点是基于信息观下的盈余管理，没有以某一特定的盈利概念为基础，而是认为企业管理者拥有私人信息，可以对会计程序和会计估计做出选择。第二种观点是基于经济收益观下的盈余管理，认为可以合理运用会计政策，从而使企业价值最大化或者管理者自身利益最大化。第三种观点将信息观下的盈余管理和经济收益观下的盈余管理进行了整合，认为盈余管理是企业管理者在遵循会计准则的基础上，运用自由裁量权对财务报表进行美化，从而达到自身利益最大化的行为。

7.1.1 盈余管理的动机

现有研究表明，对盈余管理动机的研究主要可以归纳为资本市场动机、契约动机、迎合监管动机。

1. 资本市场动机

（1）首次公开募股动机。在公司首次公开募股时，为了能够成功上市，公司出于粉饰财务报表以吸引更多的投资者的目的，很可能会进行盈余管理（Feltham and Ohlson，1995）。针对股票发行动机进行的盈余管理，很多国内外学者对此进行了研究。在股票首次发行前，公司会利用操纵性应计项目提高盈余，并且在股票发行之后再转回操纵性应计项目，这样会严重误导投资者的决策（Teoh et al.，1998）。Roychowdhury（2006）认为，中小企业在首次公开募股时为了达到既定条件的同时，还要考虑到监管部门的监督检查，因此，中小企业会运用应计盈余管理和真实盈余管理来调整盈余。Aharony 等（2000）研究发现，首次公开募股的公司在发行当年的可操纵性应计利润最高，但在首次公开募股之后显著下降。张宗益和黄新建（2003）利用琼斯模型计算应计盈余管理，也发现首次公开募股的公司样本在首次公开募股过程中显著存在应计盈余管理。

（2）避免亏损与退市的动机。随着我国证券市场的发展，为规范证券市场的环境，监管机构对上市公司的退市做出了很多规定。如果上市公司连续两年内出现亏损，给予特别处理（special treatment，ST）处理；如果公司连续三年亏损并且在规定时间内没有扭亏为盈，那么将被强制退市。而公司一旦退市，不仅会对公司的声誉和形象造成损害，并且对公司以后的融资、业务拓展或者是再上市造成很大的障碍，是上市公司不愿意面对的情况。因此，国内很多学者对上市公司为了避免亏损与退市的动机而进行的盈余管理进行了很多研究。陆建桥（1999）对上市公司在亏损前后年度的应计盈余进行了研究，发现公司管理层会在出现亏损的年份有意美化财务报表，调增公司应计盈余，避免公司报表的亏损。吴联生等（2007）通过对上市公司、非上市公司的对比研究发现，不同种类的公司避免亏损的动机不同。

2. 契约动机

Healy和Wahlen（1999）最早全面研究了高管薪酬激励与盈余管理之间的关系，研究发现，高管会通过操纵盈余来达到所需的盈余水平。Holthausen等（1995）研究也发现，当公司设置了业绩绩效薪酬上限时，管理层会运用盈余管理调低盈余，以期望增加未来薪酬收益。Guidry等（1999）把股权激励这一薪酬因素纳入进行了更深入的研究，发现如果公司实施股权激励计划，那么管理者会在其任职期间加大对公司的盈余操作，从而获得激励股权，但这对公司的长期发展十分不利。对我国而言，杜兴强和周泽将（2010）利用国企"限薪令"这一政策实施前的上市公司盈余管理行为和薪酬之间的相关性进行研究，发现如果管理层加大盈余管理行为就会获得更高的薪酬。刘新民等（2014）和林智章（2019）的研究也得到了相同的结论。

3. 迎合监管动机

由于资本市场的不断完善，监管的力度也随之加大，从而也会影响管理者的盈余操纵动机。Cohen等（2008）研究了美国《萨班斯法案》出台前后，公司管理层盈余操纵的趋势变化，发现公司管理层的应计盈余操纵减少，但更隐蔽的真实盈余操纵增加。国内学者谢柳芳等（2013）的研究表明，退市制度出台后，公司的应计盈余管理显著减少，外部监管政策的出台可以提高企业的盈余质量。而高利芳和盛明泉（2012）的研究结果却表明进行违规操作的企业在受到处罚后，其盈余质量并没有得到改善。

7.1.2 盈余管理的方式

1. 应计盈余管理

应计盈余管理是管理人员通过改变会计政策的选择来操纵盈余的行为，特别是对与应计利润有关的项目进行人为调整。应计盈余管理对公司管理当局盈余管理行为的实证检验是实证会计研究领域的一个重要课题。在企业的报告利润中，应计利润是按权责发生制原则应确认但尚未实现现金流入的利润部分。而这部分的确认会受到管理者的职业判断和会计估计影响，基于此，管理者就可以运用自由裁量权操纵应计利润，进行盈余管理。自 Healy（1985）以后，基于应计利润的实证方法被广泛应用于盈余管理检验。

对应计项目的操纵实质上是利用权责发生制原则，在不影响利润总额的前提下，对收入、成本费用的确认时间进行调整，将利润总额分配到不同的会计期间，从而达到调整盈余的目的。应计盈余管理未改变公司现金流，只对公司短期业绩产生负面影响。周夏飞和魏炜（2015）研究发现，应计项目的具体操纵方式有将研发费用资本化、改变长期资产的折旧方法、将资产减值转回等方式。

2. 真实盈余管理

对于公司的管理层来说，真实盈余管理是公司的管理层在公司的正常经营活动发生偏离时采取的经营活动，其目的是降低公司的损失，使公司在正常的经营活动过程中，能够实现自己的财务目标。与应计盈余不同，真实盈余反映的是企业实际的现金流量，对于企业的业绩增长来说，具有长远的影响。

真实盈余管理的方式有很多种。Dechow 和 Sloan（1991）对几家上市公司的 CEO 进行研究之后发现，在 CEO 任职的最后几年时间里，公司在研发方面的投资规模就会缩小，这就使得公司在经营管理活动当中能够获得的短期利润得到大幅度的增加。Roychowdhury（2006）经过研究之后发现，管理层可以通过自己对实际经营活动的操控，而避免在年度报告中产生亏损。管理者通过打折的方式，能够在短时间之内就提高产品的销售额，通过加大生产量的方式能够实现产品成本的有效降低，从而在年度报告中提高销售利润。但是这种做法的弊端是，一旦商品的价格恢复原价以后，那么销售量就会马上下降，从而使公司的盈利能力大幅度降低。Graham 等（2005）在对 400 多名高管进行调查和访问之后，得出结论，高管往往会以牺牲长期价值的方式来获得短期的利润，从长期来看，这些行为会对公司价值造成负面影响。同时，公司还会通过销售异常产品及过度生产等方式获得经营利润。

3. 应计盈余管理和真实盈余管理的关系

通过应计盈余管理和真实盈余管理两种方法可以操纵企业的利润，这种管理手段是学界公认的，但是这两种方式有着本质性的差异。有学者的研究表明，真实盈余管理与应计盈余管理之间是矛盾的，两者之间成反比。Cohen 等（2008）通过研究之后发现，在《萨班斯法案》实施之前，应计盈余管理处于增长的状态；

在《萨班斯法案》实施之后，应计盈余管理处于下降的状态。但真实盈余管理活动却呈现出相反的变动，这就说明管理层可以对盈余管理的手段进行更改。Sohn（2011）研究发现，盈余管理会受到会计信息可比性的影响，随着会计信息可比性的增强，应计盈余管理将会降低，但真实盈余管理则会增加。Zang（2012）通过研究之后发现，由于时间和成本上的差异，并且当一种盈余工具的自由裁量权受到更大限制时，管理者会更多地使用另一种工具，这与 Cohen 等（2008）的研究结论一致。但是，蔡春等（2013）在对首次公开募股企业的盈余管理方式进行探讨之后得出结论，首次公开募股企业需要同时进行应计盈余管理和真实盈余管理，首次公开募股企业的盈余管理方式的原则就是发行价最大化，应计盈余管理和真实盈余管理两者之间并不是此消彼长的关系。本书认为，由于我国在相关体制方面的不健全，应计盈余管理和真实盈余管理的管理方式在成本方面差异不大。关于应计盈余管理和真实盈余管理的关系得到了完全相反的结果，那么这两种盈余管理方式之间究竟是什么样的关系，两者之间的差异到底是什么原因造成的，这些都需要进行进一步的分析和研究。

7.1.3 盈余管理的测量方法

国外众多学者对盈余管理进行深入研究后总结出三种盈余管理的度量方法，分别是总体应计利润分离法、盈余频率分布法和特定应计项目法。总体应计模型最早起源于 Healy（1985）及 DeAngelo（1986），他们指出管理层对盈余的操纵程度可以利用总应计利润及其变化来评估。总体应计模型将会计盈余划分为经营现金流量和总体应计利润两部分，通过计算非操控性应计利润并与总体应计利润比较来评估总体应计利润的操纵难易程度。具体的非操纵性应计利润计算方法分别为：Healy 模型按年平均得到的总应计利润、DeAngelo 模型直接使用上一年的总应计利润、行业模型使用行业总应计利润中值，这三种模型是最为简单的度量方法。Jones（1991）研究发现，公司销售收入增加额与固定资产规模之间的关系可以很好地反映非操纵性应计利润，这就是著名的琼斯模型。后来，Dechow 等（1995）发现公司的主营业务收入直接受到应收账款的影响，存在管理层违规调整的风险，于是将主营业务收入引入琼斯模型来进行修正，同时利用实证研究证明了修正的琼斯模型效果最好。另外，孟越等（2011）进一步研究了企业的营运资本政策、产品生命周期、重组、谨慎性会计原则等对操纵性应计利润估计的影响。

频率分布法最早由 Burgstahler 和 Dichev（1997）使用，他们指出在没有盈余管理的情况下，盈余分布函数服从光滑的正态分布，通过盈余分布函数的连续性与光滑性来判断企业是否存在盈余管理行为。Degeorge 等（1999）在 Burgstahler 和 Dichev（1997）的研究基础上利用分布密度的 t 检验来判断企业是否存在盈余管理行为。

特定应计模型最早出现在 McNichols（2000）的研究中，针对坏账准备这一项目进行了深入的研究，通过回归来检验企业的盈余管理程度。Roychowdhury（2006）利用异常经营活动现金流量替代加速销售、利用异常生产成本替代过度生产、利用异常可操纵性费用替代削减可操纵性开支来检验企业盈余管理水平。盈余管理测量一直是一个难点，随着公司高管盈余操纵管理行为越来越隐蔽，更合理、更准确的盈余管理测量法模型亟待开发。

7.1.4 盈余管理的影响因素

首先，企业的盈余管理程度受到外部环境的影响。Han 等（2010）研究了管理者进行盈余管理的程度是否与其国家的价值体系（即文化）及制度特征（即法律环境）有关，研究发现，民族文化的不确定性规避和个人主义维度对盈余管理有显著影响，并且这种关联会随着投资者保护力度而变化。Francis 和 Wang（2008）研究发现，盈余管理还受投资者保护和公司是否选择四大会计师事务所的影响。Callao 和 Jarne（2010）研究了 IFRS 对盈余管理的影响，其主要目的是通过比较准则变更之前和变更之后的应计收益，验证在欧盟采用 IFRS 是否抑制了管理者的盈余管理行为。张婷婷等（2018）研究了媒体报道对应计盈余管理和真实盈余管理的影响，结果表明，由于真实盈余管理活动会对企业长期利益造成影响，管理层为了避免这样的影响会减少真实盈余管理的活动。Yung 和 Root（2019）采用跨国样本研究了政策不稳定性对盈余管理的影响，政策不确定性高时，企业增加盈余管理，不确定性导致的盈余管理不受国家文化或其他国家级制度特征的影响。

其次，企业的盈余管理程度会受到公司内部治理的影响。Chung 等（2002）的研究结果表明，投资者的持股比例会对公司管理层进行盈余管理的行为产生制约作用，投资者持股比例越高，意味着公司的激励机制就越多，能够对管理者的决策产生影响，从而抑制盈余管理的程度。Hong 和 Andersen（2011）探讨了企业社会责任与盈余管理之间的关系，结果表明，对社会负责的公司拥有较高的应计盈余质量。Patrick 等（2015）研究了尼日利亚上市公司的公司治理对盈余管理的影响，结果表明，董事会规模、公司规模、董事会独立性、审计委员会实力等公司治理对尼日利亚上市公司盈余管理实践具有显著影响。国内学者分别从高管控制权及薪酬（王克敏和王志超，2007）、股权激励（苏冬蔚和林大庞，2010）、内部企业内部控制（方红星和金玉娜，2011）等角度分析了对盈余管理的影响。

会计信息质量的文献主要是关于会计信息可比性和盈余质量的，这方面的研究成果也比较丰富。但是，大部分文献基于的样本都是单个国家内部公司的比较，缺乏国际数据的验证，更不用说"一带一路"共建国家的经验证据了，因此，本章基于"一带一路"共建国家的跨国样本，比较其会计信息质量的差异，为会计监管提供实证证据。

7.2 理论分析与研究假设

2001 年以来，在 IASB 的推动下，世界各国纷纷放弃自己的公认会计准则，转而采用 IFRS，会计准则的国际趋同取得了很大进展。通过前文的梳理，我们可以看出大部分"一带一路"共建国家也都采用 IFRS 或者向 IFRS 实质性趋同。目前关于"一带一路"国际合作的研究刚起步，主要是介绍各国或各地区基本情况，并在此基础上探讨国际合作机制的可行性及路径等。但是，对会计审计领域的研究极其缺乏，目前尚未有实证研究去探讨"一带一路"共建国家的会计信息质量差异。

本书基于准则弹性理论，来探究 IFRS 对"一带一路"共建国家上市公司盈余质量产生的影响。

胡成（2011）指出准则弹性是指由于受到某些因素的影响，财务报告提供者会在会计信息产生和披露的过程中有一定的主观判断和自由选择权。IFRS 是以原则导向为基础的准则，相比以规则导向为基础的准则来说，IFRS 更加简单明了，概括性很强，容易理解，没那么复杂，可以灵活运用，更加注重财务报告中经济活动的本质而非形式，这使全球统一采用一套高质量的会计准则成为可能，能够增强各国会计信息的可比性。但同时，以原则导向为基础的 IFRS 就会存在比较大的准则弹性，存在一定缺陷。比如，会计从业人员运用其职业判断对相同或者类似的交易事件有可能会做出不同的判断，这样可能会使会计信息可比性降低。同时，如果会计人员滥用其专业判断，利用准则弹性，选择性地利用会计政策及会计实务处理方法对会计信息进行"管理"，那么会计准则自然而然也就成为公司管理层进行利润操纵的工具。准则弹性是客观存在的，又是企业经营者提供会计信息的标准，自然就赋予了管理者灵活运用会计准则以实现自己想要的会计信息的权力。如果一个国家的法律制度和监管机制不够完善，那么执行 IFRS 这样一套原则导向性的会计准则可能也很难保护投资者的利益（张倩等，2016）。基于此理论，本书认为"一带一路"共建国家上市公司的盈余质量会受到是否完全执行 IFRS 的影响。

学术界对于执行国际会计准则是否提高了会计信息质量进行了很多的讨论，但目前也没有得到一致的定论。IFRS 的支持者认为，上市公司必须采用一套统一的高质量的财务报告准则，可以促进资本市场更好地运作。因此，现有研究证明，采用 IFRS 可以实现财务报表的跨国界可比性，提高会计信息的质量，增加财务报告的透明度，有效改善信息环境质量，减少信息不对称性（Ball，2006；Barth et al.，2008；DeFond et al.，2011；Horton et al.，2013）。

然而，接受一种新的会计模式也会面临挑战和固有的问题。强制采用 IFRS

对会计质量的影响在很大程度上取决于 IFRS 的质量是高于还是低于国内公认会计准则，以及它们如何影响执行机制的有效性（Ahmed et al.，2013）。Ball（2006）认为 IFRS 的公允价值导向可能会导致财务报表的波动，这种波动既有好的信息也有坏的信息，坏的信息中包括会计估计误差和管理者可能的盈余管理行为。Barth 等（2008）研究表明，在自愿采用者采用 IFRS 后出现收入平滑度下降和损失识别及时性增加的现象。而 Ahmed 等（2013）研究认为他们关于会计质量改善的推论不能推广到强制性采用者，并且会计质量的提高并不能作为强制采用 IFRS 产生的有利经济后果的解释。

从跨国样本的文献研究来看，目前对于这个问题也尚无定论，且大部分的研究样本都是欧盟国家。Barth 等（2008）通过比较 21 个（其中，有 5 个公司所属国家是"一带一路"共建国家）采用国际会计准则的样本公司与采用非美国会计准则的样本公司，验证了国际会计准则可以提高上市公司的盈余质量。Iatridis 和 Rouvolis（2010）以及 Zeghal 等（2012）研究了 15 个欧盟国家，得出的结论是采用 IFRS 后，盈余管理水平降低，会计信息质量确实得到了一定程度的改善，盈余操纵的减少有利于更高质量的信息披露，从而帮助投资者做出更好的判断。相反地，Callao 和 Jarne（2010）通过比较监管前后的可操控性应计项目的变化，验证了 IFRS 在欧盟的采用是否增加或减少了可操控性会计项目的范围，结果表明，自 IFRS 在欧洲采用以来，盈余管理有所加强，可操控性应计项目在实施后的一段时间内有所增加。Gray 等（2015）的研究也表明采用 IFRS 后，盈余管理的趋势仍在继续，文化因素在解释各国盈余管理行为规模差异方面仍有影响。Jeanjean 和 Stolowy（2008）认为一套高质量的会计准则并不是实现全球统一商业语言的充分条件，引入 IFRS 后，盈余管理的普遍性并没有下降，实际上在法国反而上升了，IASB、美国证券交易委员会和欧盟委员会应该致力于协调激励机制和制度因素。

而关于"一带一路"共建国家采用 IFRS 对盈余质量的影响基本上都是限于研究某一个国家，目前没有跨国样本的研究。比如，韩国作为"一带一路"共建国家中亚洲唯一的一个发达国家，学者关于韩国采用 IFRS 对盈余质量的影响进行了一定的研究。Park 等（2012）比较了韩国公司采用 IFRS 前后的可操控性应计利润，以检验采用 IFRS 对盈余质量的影响，研究发现，可操控性应计利润随着 IFRS 的采用而大幅下降，提高了财务报表的可靠性。近几年，也有不少文献探讨韩国强制采用 IFRS 是否与较高的盈余质量有关，得到的经验证据基本一致，即韩国强制采用 IFRS 改善了盈余质量，减少了盈余管理（Kwon et al.，2019；Yuk and Leem，2017）。但也有学者的研究与上述经验证据存在矛盾，Cho 等（2015）基于 2011 年韩国强制采用 IFRS 的信息环境，利用双重差分的实证方法证明 IFRS 对盈余质量与信息不对称的负相关关系的影响，结果并没有表明 IFRS 强化了两者之间的关系，因此，对之前的研究（在国际层面）得出 IFRS 的采用通过改善盈余质量或降低信息不对称对韩国资本市场投资者有帮助的结论提出了质疑。总体而言，在韩国，大多数就采用 IFRS 对盈余质量影响的研究提供了一致的证据，表明采用 IFRS 后盈余质量有所改善。

Zhang（2011）研究了新西兰采用 IFRS 是否对会计稳健性所代表的盈余质量有正面的影响，结果表明，采用 IFRS 前后都存在条件稳健性。此外，采用 IFRS 后，会计稳健性有所提高，强制性采用 IFRS 的公司盈余质量有所改善，但对自愿采用 IFRS 的公司没有改善。而 Kabir 等（2010）却得出了相反的结论，在 IFRS 调整分析中发现，IFRS 下的平均总资产、总负债和净利润均高于新西兰的公认会计原则，杠杆率和资产回报率更高。但并未发现采用 IFRS 改善了盈余质量，可能是因为新西兰有一个强有力的投资者保护制度，在一个高度保护投资者和高度执行的环境中，会计准则的作用相对比较弱。

Anggraeni 和 Wardhani（2017）在研究采用 IFRS 对亚洲国家盈余管理的影响中，检验了 IFRS 和杠杆对盈余管理的影响，同时检验了 IFRS 趋同在杠杆和盈余管理之间的调节作用。相比中国、马来西亚这两个经济更发达、公司治理水平更高的国家来说，在印度尼西亚、菲律宾这几个国家中，杠杆对盈余管理没有显著的影响，但 IFRS 显著改善了盈余质量，并且其表现出更积极的调节作用。关于研究 IFRS 趋同对中国上市公司盈余质量影响的文献比较多（潘琰等，2003；王建新，2005；Kao，2014；Zhang et al.，2013；Cang et al.，2014；Kao，2014），得出的结论不一，一部分研究证明中国上市公司盈余平滑度则随着向 IFRS 趋同而降低，一部分研究却证明中国向 IFRS 趋同反而为盈余管理创造了机会，增加了企业的盈余管理行为。关于俄罗斯采用 IFRS 对会计质量产生影响的文献比较少，并且是基于俄罗斯独特的法律监管和报告环境，其实证结果可能很难推广到其他市场（Kim，2013；Kim，2016）。而关于沙特阿拉伯、土耳其、南非这几个新兴市场国家执行 IFRS 对盈余质量的影响的高质量文献研究也不是很多，并且关于 IFRS 对盈余质量的影响也没得出统一的结论（Atmaca and Çelenk，2011；Balsari et al.，2010；Uyar et al.，2016；Ames，2013）。另外，一部分国家缺乏文献支撑。一方面可能确实缺乏高质量的国际刊物研究，以这些样本进行研究；另一方面，可能这些国家根本就没有资本市场，或资本市场规模极小，通常缺乏较好的客观条件开展大样本实证研究。目前的文献还没有对"一带一路"共建国家的跨国样本来进行研究。

基于以上分析，本书提出假设 2。

假设 2："一带一路"共建国家中，完全执行或全面趋同 IFRS 的国家，其盈余质量更好。

7.3 样本选择、数据来源和模型设计

7.3.1 样本选择和数据来源

本书从"一带一路"共建国家的跨国样本视角来比较各国的会计信息质量差异，样本选取原则与第三章一致，具体而言，从"一带一路"共建国家中选择了韩国、新加坡、新西兰、意大利、葡萄牙、希腊6个发达国家和中国、南非、尼日利亚、土耳其、沙特阿拉伯、俄罗斯、巴基斯坦、马来西亚、斯里兰卡、越南、泰国、菲律宾12个非发达国家，一共选取了"一带一路"共建国家中的18个国家的上市公司的数据进行研究，其中，中国、马来西亚、土耳其、沙特阿拉伯、俄罗斯、南非6个国家为新兴市场国家。斯里兰卡、泰国、越南、菲律宾4个国家未完全执行IFRS，而其他14个国家完全执行IFRS。时间范围从2012年至2019年，因为"一带一路"倡议在2013年提出，而在计算盈余管理指标时需要滞后一期，所以最终回归的年份是2013年至2019年的面板数据。计算盈余管理指标和模型回归要用到的数据均来自Worldscope数据库。表7.1显示了每个国家的Worldscope数据库中所包含的公司数量。从样本中剔除了金融、保险和房地产公司（SIC代码6000~6999），因为它们具有特殊的经营性质，并受到额外规定的约

表 7.1 样本分布情况

国家	上市公司数量/家	年报样本数量/个	强制执行 IFRS 情况
新加坡	254	879	2005年1月1日起，强制执行与IFRS全面趋同的会计准则
新西兰	11	43	2007年1月1日起，强制执行与IFRS全面趋同的会计准则
韩国	1542	7433	2011年1月1日起，强制执行IFRS
意大利	149	635	2005年1月1日起，强制执行IFRS
葡萄牙	27	116	2005年1月1日起，强制执行IFRS
希腊	71	257	2005年1月1日起，强制执行IFRS
中国	981	4926	2007年1月1日起，强制执行与IFRS全面趋同的会计准则
土耳其	170	768	2005年1月1日起，强制执行IFRS
沙特阿拉伯	89	559	2009年1月1日起，强制执行IFRS
俄罗斯	153	583	2012年1月1日起，强制执行IFRS
南非	45	224	2003年1月1日起，强制执行IFRS
尼日利亚	34	148	2011年1月1日起，强制执行IFRS
马来西亚	337	1296	2012年1月1日起，强制执行IFRS
巴基斯坦	34	175	2008年1月1日起，强制执行IFRS
斯里兰卡	17	104	未完全执行IFRS
泰国	370	1573	未完全执行IFRS
越南	816	4033	未完全执行IFRS
菲律宾	101	393	未完全执行IFRS

束。本章还从样本中剔除了 2005 年以前采用 IFRS 的公司和不报告合并财务报表的公司及样本缺失值。我们将样本限制在会计年度结束于 12 月的公司,以确保每个公司有相同的样本期间,最终得到 5201 家上市公司和 24 145 个样本。从表 7.1 可以看出,未完全执行 IFRS 的样本量相对于完全执行或全面趋同 IFRS 的样本量较少,为了增强本书结论的稳健性,运用 PSM 方法在对照组样本中进行配对选择,构造与实验组具有一定相似性的对照组作为新的样本,来验证假设 2。经过样本匹配后,得到 9778 个样本。为了防止极端值影响回归结果,对所有连续变量进行上下 1%的 Winsorize 缩尾处理。本书主要使用了 Excel 2016 和 Stata 16.0 进行数据处理和数据分析。

7.3.2 变量选择与模型设计

1. 盈余管理的度量

本书基于修正的琼斯模型计算样本公司的操纵性应计利润,以此来衡量样本公司的盈余管理程度,盈余管理指标的具体计算过程如下。

第一步:将 18 个国家的不同行业不同公司的样本数据代入式(7.1)进行回归,计算出回归系数 α_1、α_2 和 α_3。

$$\frac{TA_{i,t}}{A_{i,t-1}} = \alpha_1 \frac{1}{A_{i,t-1}} + \alpha_2 \frac{\Delta REV_{i,t} - \Delta REC_{i,t}}{A_{i,t-1}} + \alpha_3 \frac{PPE_{i,t}}{A_{i,t-1}} + \varepsilon_{i,t} \quad (7.1)$$

第二步:把上面的回归系数 α_1、α_2 和 α_3 代入式(7.2)进行回归,计算出正常性应计利润(NDACC)。

$$\frac{NDACC_{i,t}}{A_{i,t-1}} = \alpha_1 \frac{1}{A_{i,t-1}} + \alpha_2 \frac{\Delta REV_{i,t} - \Delta REC_{i,t}}{A_{i,t-1}} + \alpha_3 \frac{PPE_{i,t}}{A_{i,t-1}} + \varepsilon_{i,t} \quad (7.2)$$

第三步:用总应计利润减去正常性应计利润,就是本书需要计算的操纵性应计利润(DACC),如式(7.3)所示。

$$DACC_{i,t} = TA_{i,t} - NDACC_{i,t} \quad (7.3)$$

其中,$TA_{i,t}$ 表示上市公司 i 第 t 期的总应计利润,计算公式是用企业的营业利润减去经营活动现金净流量;$A_{i,t-1}$ 表示上市公司 i 第 $t-1$ 期期末的资产总额;$\Delta REV_{i,t}$ 表示上市公司 i 第 t 期和第 $t-1$ 期主营业务收入的变动额;$\Delta REC_{i,t}$ 表示上市公司 i 第 t 期和 $t-1$ 期应收账款的变动额;$PPE_{i,t}$ 表示上市公司 i 第 t 期期末的固定资产原值。本书取操纵性应计利润的绝对值 ABSDAC 代表盈余管理程度,其值越大,则说明上市公司当年的操纵性应计利润值越大,也就意味着盈余管理的程度也越大。

2. 模型设计

为了验证假设 2,本书参考 Barth 等(2008),通过式(7.4)来分析 IFRS 与操纵性应计利润之间的关系。

$$\text{ABSDAC}_{i,t} = b_0 + b_1\text{IFRS} + b_2\text{SIZE}_{i,t} + b_3\text{LEV}_{i,t} + b_4\text{GROWTH}_{i,t} \\ + b_5\text{CFO}_{i,t} + b_6\text{ROA} + \sum \text{YEAR} + \sum \text{IND} + e_{i,t} \tag{7.4}$$

其中，ABSDAC 表示盈余管理，代表盈余质量；IFRS 表示是否完全执行或全面趋同 IFRS，执行 IFRS 为 1，否则为 0，IFRS 的回归系数显著为负，则说明执行 IFRS 能够抑制上市公司的盈余管理程度，提高会计信息质量。

本书参考 van Tendeloo 和 Vanstraelen（2005）、Barth 等（2008）、Zeghal 等（2012）等相关文献，选取了公司规模、资产负债率、营业收入增长率、经营活动现金流占比、资产收益率作为控制变量，以此来消除研究样本的资产规模、偿债能力、盈利能力等基本特征对盈余管理变量 ABSDAC 的影响。

SIZE 是公司规模，等于上市公司资产的自然对数。对于公司规模与盈余管理的关系，一般来说，规模相对来说比较大的公司，大众更容易熟知，那么就会受到大众更多的关注，同时也会吸引证券分析师、政府监管机构的注意，其信息披露要求会很高，如果被发现该公司存在大量的盈余管理行为，势必会对其公司声誉和形象造成严重的影响，甚至还会引起资本市场的反应，股票价格下跌；此外，大公司的内部治理和内部控制相对更加完善，会对盈余管理产生一定的抑制作用。

LEV 是资产负债率，即公司财务杠杆，等于年末总负债除以年末总资产，代表公司的财务风险。一般认为，当上市公司面对严重的亏损和债务问题时，其进行盈余管理的动机会增强，目的是调高报告盈余，从而维持公司的形象和声誉。另外，企业在进行融资时，不管是银行还是投资者，都对资产负债率有一定的要求。资产负债率越高的企业，财务风险相对较高，可能会导致现金流不足，资金链断裂，不能及时偿债，进一步融资成本加剧。因此，资产负债率越高的企业，其进行盈余管理的动机也会越强烈。本书预测资产负债率对操纵性应计利润的影响是正面的。

GROWTH 代表公司的成长性，等于营业收入增长率。一般来说，已经进入成长期的上市公司，其经营业绩和投资回报都比较好，投资者会更愿意支持这样的企业，那么管理者进行盈余管理的行为动机就会比较弱。但是，成长期的企业也会面临很多的外部竞争和不确定性风险，管理层为了保持利润的稳定，会有平滑收益的动机。

CFO 是企业经营活动现金流占比，等于经营活动现金流除以总资产，可以反映出上市公司的财务状况，进而反映出企业所处一个什么样的阶段。一般而言，经营活动现金流占比越大，说明企业的财务状况比较好，那其进行盈余管理的动机就会比较弱，操纵性应计利润就比较小。

ROA 是总资产收益率，等于公司税后净利润除以年末总资产，反映企业的盈利能力。资产收益率和企业资产利用效率呈正相关关系，资产收益率越高，说明企业经营管理水平越高，利用资产创造的利润多，获利能力很强。那么，管理层进行盈余管理的动机就比较弱。反之，盈利能力差的企业，为了避免亏损带来的不利影响，进行盈余管理的动机就会更强。

表 7.2 列示了本章所用到的变量定义及说明。

表 7.2　变量的定义及说明

变量	定义
ABSDAC	盈余管理，计算方法见上文
IFRS	虚拟变量，如果公司完全执行或全面趋同 IFRS 为 1，否则为 0
SIZE	公司规模，用上市公司期末总资产的自然对数衡量
LEV	资产负债率，用期末负债总额除以期末资产总额衡量
CFO	企业经营活动现金流占比，等于经营活动现金流除以总资产
ROA	总资产收益率，用净利润除以期末资产总额衡量
GROWTH	营业收入增长率，用主营业务收入增长的比率衡量
YEAR	年度控制变量
IND	行业控制变量

7.4　实证结果

7.4.1　描述性统计

表 7.3 给出了假设 2 主要变量的描述性统计情况，一共是 18 个国家 24 145 个样本，盈余管理的绝对值的平均值为 0.363 8，最小值为 0.004 2，最大值为 10.711 7，这说明由于"一带一路"共建国家的跨国样本中的上市公司存在盈余管理行为是较为普遍的，且公司间的差异较大，这和"一带一路"共建国家的发达程度有很大的关系。IFRS 的平均值是 0.747 2，中位数是 1.000 0，这说明跨国样本中绝大部分国家都采用 IFRS 或者实质性趋同 IFRS。在控制变量中，公司规模标准差较大，表明跨国样本公司之间存在较大差异。

表 7.3　假设 2 主要变量的描述性统计

变量名称	变量	样本数	平均值	中位数	最小值	最大值	标准差
盈余管理	ABSDAC	24 145	0.363 8	0.067 7	0.004 2	10.711 7	1.299 9
IFRS	IFRS	24 145	0.747 2	1.000 0	0.000 0	1.000 0	0.434 6
公司规模	SIZE	24 145	24.265 1	24.590 9	18.362 9	28.919 6	2.716 9
资产负债率	LEV	24 145	0.463 3	0.464 0	0.103 4	0.850 4	0.211 2
营业收入增长率	GROWTH	24 145	0.016 4	0.040 7	−0.589 3	0.436 1	0.216 2
经营活动现金流占比	CFO	24 145	0.056 0	0.053 1	−0.102 0	0.235 1	0.078 4
总资产收益率	ROA	24 145	0.042 9	0.040 5	−0.121 0	−0.174 0	−0.061 2

7.4.2 相关性分析

表 7.4 给出了假设 2 主要变量的皮尔逊相关系数。

表 7.4　假设 2 主要变量的皮尔逊相关性分析

变量	ABSDAC	IFRS	SIZE	LEV	CFO	ROA	GROWTH
ABSDAC	1.000						
IFRS	−0.004	1.000					
SIZE	−0.030***	0.280***	1.000				
LEV	0.020***	−0.078***	0.143***	1.000			
CFO	−0.013**	−0.035***	−0.005	−0.218***	1.000		
ROA	−0.010	−0.109***	0.005	−0.276***	0.498***	1.000	
GROWTH	0.012*	0.045***	0.017***	0.015**	0.107***	0.291***	1.000

***、**、*分别表示在 1%、5%和 10%的水平上统计显著（双尾检验）

由表 7.4 可以看出，各变量之间相关系数的绝对值均未超过 0.500，能够初步判断各变量之间不存在严重的多重共线性。通过相关性分析，我们发现，盈余管理与 IFRS 之间的相关系数为负，这与本书的预期方向一致，但是相关系数并不显著，可能是因为皮尔逊相关系数是变量两两之间的相关系数，是偏相关系数，并不能完全说明盈余管理与 IFRS 之间的关系，还要看下文的回归结果。控制变量方面，公司规模与盈余管理之间的相关系数在 1%的水平上显著为负，可能是因为规模相对来说比较大的公司，会受到大众更多的关注，同时也会吸引证券分析师、政府监管机构的注意，外界对其披露的信息要求也会很高，如果一旦该公司被发现存在大量的盈余管理行为，势必会对其公司声誉和形象造成严重的影响，甚至还会引起资本市场的反应，股票价格下跌。因此，规模较大的公司进行盈余管理的成本会比较高；另外，规模较大的公司其内部治理结构和内部控制制度会更加成熟与完善，会对盈余管理产生一定的抑制作用。资产负债率与盈余管理之间的相关系数在 1%的水平上显著为正，可能是因为当上市公司面对严重的亏损和债务问题时，其进行盈余管理的动机会增强，目的是调高报告盈余，从而维持公司的形象和声誉。另外，企业在进行融资时，不管是银行还是投资者，都对资产负债率有一定的要求。资产负债率越高的企业，财务风险相对越高，可能会导致现金流不足，资金链断裂，不能及时偿债，进一步加剧融资成本，所以进行盈余管理的动机也会更加强烈。经营活动现金流占比与盈余管理之间的相关系数在 5%的水平上显著为负，这说明盈余管理行为常常出现在经营活动产生现金流量的净额较小的公司中。总资产收益率与盈余管理之间的相关系数不显著。营业收入增长率与盈余管理之间的相关系数在 10% 的水平上显著为正，这说明营业收入增长率较高的公司盈余管理的动机越强，可能是因为其面对的外部环境和风险也比较大。为了得到更加可靠的结果，本章将重点关注接下来的多元回归分析结果。

7.4.3 PSM

与第 6 章分析会计信息国际可比性一样，本节对全样本运用 PSM 方法在对照组样本中进行配对选择，将未完全执行 IFRS 的样本公司在多个维度上与其特征相似的完全执行或全面趋同 IFRS 的样本公司进行匹配。选取了公司规模、资产负债率、总资产收益率等协变量构造与实验组具有一定相似性的对照组作为新的样本，采用 1∶1 的最近邻无放回的匹配方法来构建控制组。表 7.5 和表 7.6 分别为样本 PSM 前后的平衡性检验结果及样本匹配前后的差异比较。

表 7.5 样本 PSM 前后平衡性检验结果

变量	匹配情况	平均值 处理组	平均值 控制组	标准化偏差	标准化偏差减少幅度	t	$p>\|t\|$
SIZE	未匹配	25.575	24.885	27.1%	96.1%	13.18	0.000
	匹配	25.575	25.548	1.1%		0.59	0.553
LEV	未匹配	0.492	0.469	10.8%	71.7%	5.12	0.000
	匹配	0.492	0.480	3.2%		0.86	0.426
CFO	未匹配	0.061	0.063	−2.0%	−28.1%	−0.92	0.360
	匹配	0.061	0.063	−2.5%		−1.39	0.163
ROA	未匹配	0.054	0.051	5.4%	79.0%	2.59	0.010
	匹配	0.054	0.055	−1.1%		−0.63	0.528
GROWTH	未匹配	0.000	0.010	−4.6%	78.8%	−2.16	0.031
	匹配	0.000	0.001	−1.0%		−0.54	0.589

表 7.6 样本 PSM 前后差异比较

样本	Ps R^2	LR chi2	$p>$chi2	平均数标准化偏差	中位数标准化偏差	B	R	Var
未匹配	0.016	207.82	0.000	10.0	5.4	30.3*	1.01	10%
匹配	0.001	9.57	0.088	2.2	1.1	5.6	1.20	10%

*表示 $B>25\%$，R 值超出 [0.50, 2.00] 范围

如表 7.5 所示，在进行 PSM 之前，处理组和控制组公司的各协变量除了经营活动现金流占比以外对应的 p 值大部分都小于 0.05，这表明样本之间差异表现显著，因而具有选择偏差，我们有必要对其进行匹配；在 PSM 之后，再次检验数据

平衡性，此时各协变量对应的 p 值都大于 0.05，这表明处理组和控制组公司的主要特征均不存在显著差异，样本的选择偏差被消除。如表 7.6 所示，匹配后样本 B 等于 5.6，R 等于 1.20，Rosenbaum 和 Rubin（1983）指出，当 B 小于 25% 且 R 在 [0.50, 2.00] 区间内时，匹配后的样本是充分平衡的。由此可见，通过 PSM，协变量在完全执行或全面趋同 IFRS 的样本公司与未完全执行 IFRS 的样本公司之间的差异显著减小，使得实验组和对照组样本数据分布更加均衡，增强了假设 2 检验结果的稳健性。

7.4.4 回归结果分析

表 7.7 展示了式（7.4）进行多元回归后的结果。

表 7.7　IFRS 对盈余管理的影响（一）

变量	ABSDAC
常量	0.140*** （21.82）
IFRS	−0.019*** （−18.62）
SIZE	−0.003** （−21.80）
LEV	0.003* （1.61）
CFO	−0.318*** （−54.00）
ROA	−0.032*** （−4.01）
GROWTH	−0.012*** （−6.25）
YEAR	控制
IND	控制
调整 R^2	0.207 3
样本量	24 145

***、**、*分别表示在 1%、5% 和 10% 的水平上统计显著（双尾检验）；括号中的数据为 t 值

我们发现 IFRS 的回归系数是 −0.019，并且在 1% 的水平上显著，这说明完全执行 IFRS 可以降低上市公司的盈余管理程度，与假设 2 相符。在控制变量中，公司规模的回归系数是 −0.003，并且在 5% 的水平上显著，这说明规模越大的公司，其盈余质量越好。规模相对来说比较大的公司，披露的信息要求高，透明度高，信息环境较好，并且公司内部治理结构和内部控制更加成熟，会对盈余管理产生一定的抑制作用。资产负债率的回归系数为 0.003，在 10% 的水平上显著，这说明资产负债率越高的企业，其经营风险也越大，会对企业的融资活动造成影响，因此，更有可能会进行盈余管理行为。经营活动现金流占比的回归系数为 −0.318，

并且在 1% 的水平上显著，这说明经营活动现金流入大的公司盈余质量更好。总资产收益率的回归系数为 –0.032，并且在 1% 的水平上显著为负，这说明企业经营管理水平比较好，利用资产创造的利润多，获利能力强，那么，管理层进行盈余管理的动机就比较弱，盈余质量也相对较高。营业收入增长率的回归系数为 –0.012，并且在 1% 的水平上显著，这说明处于成长期的企业可能会面临的外部环境和风险比较高，因此，进行盈余管理的动机会更强。

表 7.8 为 PSM 后的样本回归结果。由表 7.8 可以看出，IFRS 与盈余管理的回归系数是 –0.018，t 值是 –13.96，并且在 1% 的水平上显著负相关，这表明完全执行或全面趋同 IFRS 的上市公司，其盈余质量越好，与全样本的主回归结果一致，验证了假设 2。控制变量与全样本的回归结果基本保持一致。

表 7.8　PSM 后 IFRS 对盈余管理的影响

变量	ABSDAC
常量	0.136*** （10.40）
IFRS	–0.018*** （–13.96）
SIZE	–0.003*** （–12.88）
LEV	0.005* （1.57）
CFO	–0.291*** （–34.50）
ROA	–0.154*** （–11.30）
GROWTH	–0.016*** （–5.58）
YEAR	控制
IND	控制
调整 R^2	0.2422
样本量	9778

***、*分别表示在 1%、10% 的水平上统计显著（双尾检验）；括号中的数据为 t 值

7.5　进一步研究

参照第 6 章做法，执行 IFRS 对会计信息质量的影响，可能因为所在国家经济社会发展水平、事务所质量、公司治理、外部监管等存在差异而表现有所不同。因此，本节继续从多个角度检验是否完全执行或全面趋同 IFRS 对盈余质量的影响。

7.5.1 非发达国家是否完全执行 IFRS 对盈余管理的影响

由于"一带一路"共建国家的发达程度不一，差距比较大，再加上样本中的发达国家都完全执行 IFRS，所以本书排除发达国家的样本，单独对非发达国家做进一步的分析，验证是否在非发达国家的 14 782 个样本中，执行 IFRS 的上市公司的盈余质量会更好。表 7.9 展示了非发达国家数据代入式（7.4）进行回归的结果。

表 7.9 非发达国家执行 IFRS 对盈余管理的影响（一）

变量	ABSDAC
常量	0.149*** （16.27）
IFRS	−0.022*** （−16.72）
SIZE	−0.004*** （−15.54）
LEV	0.014*** （5.12）
CFO	0.328*** （45.89）
ROA	0.155*** （13.73）
GROWTH	−0.013*** （−5.32）
YEAR	控制
IND	控制
调整 R^2	0.254 6
样本量	14 782

***表示在 1%的水平上统计显著（双尾检验）；括号中的数据为 t 值

由表 7.9 可以看出，IFRS 的系数为−0.022，并且在 1%的水平上显著，这与我们全样本的回归得到的结果一致，即完全执行 IFRS 的国家的上市公司，其盈余质量更高。这说明对于非发达国家来说，使用一套高质量的会计准则是有必要的，可以对其经济业务活动进行规范，减少盈余管理行为，提高其会计信息质量。

7.5.2 非发达国家分组为由四大会计师事务所和非四大会计师事务所审计检验是否完全执行 IFRS 对盈余管理的影响

DeFond 和 Jiambalvo（1993）研究发现，由八大会计师事务所审计的公司，其更容易与审计师产生意见分歧，而那些意见分歧很大的公司更容易进行收益平滑行为，该研究结果表明八大审计师事务所更有可能抑制企业的盈余管理行为。

Balsam 等（2003）和 Krishnan（2003）都研究了审计质量与操纵性应计利润之间的关系，结果表明由六大会计师事务所审计的上市公司，其审计质量更高，从而可以有效抑制企业进行盈余管理。因此，本书对非发达国家进行进一步分组，按照是否由四大会计师事务所审计分为两组样本，分别代入式（7.4）进行回归。回归结果如表 7.10 所示。

表 7.10　非发达国家由四大会计师事务所与非四大会计师事务所审计分组检验 IFRS 对盈余管理的影响（一）

变量	ABSDAC	
	由四大会计师事务所审计	由非四大会计师事务所审计
常量	0.117*** （6.98）	−0.018 （1.52）
IFRS	−0.013*** （−7.09）	−0.003 （−1.61）
控制变量	控制	控制
YEAR	控制	控制
IND	控制	控制
调整 R^2	0.3447	0.2252
样本量	5016	9776

***表示在 1% 的水平上统计显著（双尾检验）；括号中的数据为 t 值

由表 7.10 可以看出，我们将非发达国家样本分为由四大会计师事务所审计的和由非四大会计师事务所审计的样本，在控制其他条件不变的情况下，我们发现，非发达国家中接受四大会计师事务所审计的上市公司，其 IFRS 的系数为−0.013，并且在 1% 的水平上显著，而非四大会计师事务所审计的则不显著。这说明 IFRS 对盈余管理行为的抑制作用在由四大会计师事务所审计的上市公司中发挥了更大的监督约束效果，而在由非四大会计师事务所审计的上市公司中对盈余管理行为的抑制效果不显著。

7.5.3　四大会计师事务所和非四大会计师事务所审计对完全执行或全面趋同 IFRS 的国家的上市公司盈余管理的影响

在进一步研究中，本节对完全执行或全面趋同 IFRS 的国家单独进行检验，主要是考察是否由四大会计师事务所审计对盈余管理的影响。表 7.11 是其回归结果，我们可以看出，BIG4 与盈余管理的回归系数为−0.008，并且在 5% 的水平上显著，这说明完全执行或全面趋同 IFRS 的国家，其执行质量会受到是否由四大会计师事务所审计的影响，由四大会计师事务所审计的上市公司的盈余质量更好。

表 7.11　BIG4 对完全执行或全面趋同 IFRS 的国家盈余管理的影响（一）

变量	ABSDAC
常量	0.122*** （18.81）
BIG4	−0.008** （−3.26）
SIZE	−0.003*** （−19.98）
LEV	0.006** （2.42）
CFO	−0.344*** （−46.27）
ROA	−0.001* （−1.03）
GROWTH	−0.009*** （−3.89）
YEAR	控制
IND	控制
调整 R^2	0.194 6
样本量	18 042

***、**、*分别表示在 1%、5% 和 10% 的水平上统计显著（双尾检验）；括号中的数据为 t 值

7.5.4　中国与其他"一带一路"共建国家盈余质量比较

在进一步研究中，本节以中国为例，分别比较中国与未完全执行 IFRS 的国家、中国与发达国家及中国与其他新兴市场国家的盈余质量差异，从而为未来中国在会计监管的多边或双边合作中提供经验证据（由于样本中其他发展中国家的样本量较小，未将中国与其他发展中国家进行盈余质量的对比分析）。

首先，表 7.12 展示了中国与 4 个未完全执行 IFRS 的国家（斯里兰卡、泰国、菲律宾、越南）的盈余质量比较。

表 7.12　中国与 4 个未完全执行 IFRS 的国家盈余质量比较（一）

变量	ABSDAC
常量	0.115*** （11.53）
IFRS	−0.026*** （−18.41）
SIZE	−0.003*** （−10.29）
LEV	0.008*** （2.78）
CFO	0.305*** （40.25）
ROA	0.145*** （10.86）

续表

变量	ABSDAC
GROWTH	−0.014***
	(−5.56)
YEAR	控制
IND	控制
调整 R^2	0.262 3
样本量	11 029

***表示在1%的水平上统计显著（双尾检验）；括号中的数据为 t 值

由表7.12可以看出，IFRS与盈余管理的回归系数为−0.026，并且在1%的水平上显著，这说明中国上市公司的盈余质量比未完全执行IFRS的国家的上市公司更好。公司规模与盈余管理的回归系数为−0.003，并且在1%的水平上显著，这说明规模越大的公司，越容易受到公众和监管机构的关注，其进行盈余管理的行为也会相应减少，公司的盈余质量也就更好。资产负债率与盈余管理的回归系数为0.008，并且在1%的水平上显著，这说明资产负债率越高的公司越有可能进行盈余管理。

其次，除了上述4个国家外，样本中的其他国家都完全执行IFRS或全面趋同IFRS，因此，为了比较中国与其他国家盈余质量的差异，在式（7.4）中加入虚拟变量NATION，如果是中国的上市公司，其值为1，否则为0。

表7.13展示了中国与6个发达国家（新加坡、新西兰、韩国、意大利、葡萄牙、希腊）的回归结果。

表7.13 中国与6个发达国家盈余质量比较

变量	ABSDAC	
	中国 vs 发达国家	中国 vs 韩国
常量	0.113***	0.167***
	(17.61)	(12.01)
NATION	0.011***	0.018***
	(10.18)	(7.85)
SIZE	−0.003***	−0.006***
	(−17.38)	(−12.52)
LEV	0.001	0.020***
	(0.18)	(6.10)
CFO	0.310***	0.360***
	(39.06)	(35.59)
ROA	−0.040***	0.058***
	(−4.01)	(4.04)
GROWTH	−0.007***	−0.006*
	(−2.87)	(−1.74)
YEAR	控制	控制
IND	控制	控制
调整 R^2	0.161 8	0.223 7
样本量	14 289	7 662

***、*分别表示在1%、10%的水平上统计显著（双尾检验）；括号中的数据为 t 值

由表 7.13 可知，NATION 与盈余管理的回归系数为 0.011，并且在 1%的水平上显著，这说明中国的上市公司与 6 个发达国家的上市公司相比更容易进行盈余管理，其盈余质量较差。单独从中国与韩国的盈余管理比较来看，NATION 与盈余管理的回归系数为 0.018，并且在 1%的水平上显著，这初步说明韩国的盈余质量高于中国。没有单独比较中国与另外 5 个发达国家的盈余质量，是因为另外 5 个发达国家比较小，其样本量也比较少，可能会影响回归结果的可靠性。

表 7.14 展示了中国与 5 个其他新兴市场国家（马来西亚、土耳其、沙特阿拉伯、俄罗斯、南非）的回归结果。

表 7.14　中国与 5 个其他新兴市场国家盈余质量比较

变量	ABSDAC
常量	0.055*** （11.07）
NATION	−0.021*** （−6.49）
SIZE	−0.003*** （−12.86）
LEV	0.039*** （1.69）
CFO	0.613*** （32.14）
ROA	0.043*** （4.09）
GROWTH	0.002 （0.22）
YEAR	控制
IND	控制
调整 R^2	0.5523
样本量	8356

***表示在 1%的水平上统计显著（双尾检验）；括号中的数据为 t 值

由表 7.14 可以看出，NATION 与盈余管理的回归系数为−0.021，并且在 1%的水平上显著，这说明中国的上市公司与另外 5 个新兴市场国家相比，其盈余质量更好。同样，由于样本量的限制，不单独比较中国与每一个新兴市场国家的盈余质量。

由于样本中的其他发展中国家（巴基斯坦和尼日利亚）样本量较小，本章未再实证检验比较其与我国会计信息的盈余质量。

7.6　稳健性检验

由于操纵性应计利润的度量方法不一样，因此，本节为了得到更加稳健的研究结论，通过改变操纵性应计利润的度量方法对假设 2 进行再次检验。Kothari

（2005）探讨了应计项目和资产收益率的公司绩效指标之间的关系，发现资产收益率会影响企业的应计项目，可以在修正的琼斯模型中加入总资产收益率来计算操纵性应计利润指标。其计算过程如式（7.5）所示。

$$\frac{\mathrm{TA}_{i,t}}{A_{i,t-1}} = \alpha_1 \frac{1}{A_{i,t-1}} + \alpha_2 \frac{\Delta \mathrm{REV}_{i,t} - \Delta \mathrm{REC}_{i,t}}{A_{i,t-1}} + \alpha_3 \frac{\mathrm{PPE}_{i,t}}{A_{i,t-1}} + \alpha_4 \frac{\mathrm{ROA}_{i,t}}{A_{i,t-1}} + \varepsilon_{i,t} \quad (7.5)$$

模型中的变量解释如 7.3.2 节所述，对模型（7.5）进行回归，将得到的回归残差来度量企业的操纵性应计利润，取操纵性应计利润的绝对值表示盈余管理程度，其数值越大，说明上市公司盈余管理行为越多。

与 6.5 节一致，先对全样本进行回归；然后再单独对非发达国家分组进行回归；在此基础上，再把非发达国家分为由四大会计师事务所审计和由非四大会计师事务所审计的两组，来检验假设；同时，单独对完全执行或全面趋同 IFRS 的国家进行回归，验证是否由四大会计师事务所审计对这些国家盈余质量的影响；最后，单独以中国为主体，来比较中国与其他"一带一路"共建国家盈余质量的差异。回归结果如表 7.15～表 7.20 所示，除了中国与发达国家盈余质量的比较结果没有通过显著性检验外，其他结果与回归检验结果一致，都通过了稳健性的检验，这说明我们的结论有一定的稳定性，完全执行 IFRS 的国家的上市公司的盈余质量更好，并且在非发达国家由四大会计师事务所审计的上市公司的盈余质量更好。在完全执行或全面趋同 IFRS 的国家中，由四大会计师事务所审计的上市公司的盈余质量更好。中国与未完全执行 IFRS 的国家相比，其盈余质量更好；相比于发达国家，中国的盈余质量可能较差，但是比其他新兴市场国家的盈余质量高。

表 7.15　IFRS 对盈余管理的影响（二）

变量	ABSDAC
常量	−0.087*** (−6.88)
IFRS	−0.010*** (−4.91)
SIZE	−0.005** (−15.72)
LEV	0.012*** (3.04)
CFO	−0.983*** (−84.34)
ROA	0.000 (0.71)
GROWTH	0.079 (20.76)
YEAR	控制
IND	控制

续表

变量	ABSDAC
调整 R^2	3 482
样本量	24 145

***、**分别表示在1%、5%的水平上统计显著（双尾检验）；括号中的数据为 t 值

表7.16　非发达国家执行IFRS对盈余管理的影响（二）

变量	ABSDAC
常量	−0.134*** （−6.34）
IFRS	−0.040*** （−12.90）
SIZE	−0.007*** （−10.90）
LEV	0.001 （0.22）
CFO	−0.993*** （−61.89）
ROA	0.001*** （3.10）
GROWTH	−0.075*** （14.05）
YEAR	控制
IND	控制
调整 R^2	0.319 0
样本量	14 782

***表示在1%的水平上统计显著（双尾检验）；括号中的数据为 t 值

表7.17　非发达国家由四大会计师事务所与非四大会计师事务所审计分组检验IFRS对盈余管理的影响（二）

变量	ABSDAC	
	由四大会计师事务所审计	由非四大会计师事务所审计
常量	0.121*** （7.08）	0.018 （1.52）
IFRS	−0.014*** （−7.07）	−0.003 （−1.61）
Controls	控制	控制
YEAR	控制	控制
IND	控制	控制
调整 R^2	0.3227	0.2252
样本量	5016	9766

***表示在1%的水平上统计显著（双尾检验）；括号中的数据为 t 值

表 7.18　BIG4 对完全执行或全面趋同 IFRS 的国家盈余管理的影响（二）

变量	ABSDAC
常量	−1.316*** （−4.26）
BIG4	−0.071* （−1.59）
SIZE	−0.061*** （−7.74）
LEV	0.067* （1.64）
CFO	−0.506* （−1.68）
ROA	−0.004* （−1.19）
GROWTH	−0.121* （−1.69）
YEAR	控制
IND	控制
调整 R^2	0.187 9
样本量	18 042

***、*分别表示在 1%、10% 的水平上统计显著（双尾检验）；括号中的数据为 t 值

表 7.19　中国与 4 个未完全执行 IFRS 的国家盈余质量比较（二）

变量	ABSDAC
常量	−0.064*** （−4.11）
IFRS	−0.007*** （−3.01）
SIZE	−0.003*** （−6.97）
LEV	0.006 （1.37）
CFO	−1.009*** （−87.72）
ROA	0.001* （1.83）
GROWTH	0.074*** （20.43）
YEAR	控制
IND	控制
调整 R^2	0.482 6
样本量	11 029

***、*分别表示在 1%、10% 的水平上统计显著（双尾检验）；括号中的数据为 t 值

表7.20 中国与完全执行或全面趋同 IFRS 的国家盈余质量比较

变量	ABSDAC		
	发达国家	韩国	其他新兴市场国家
常量	−0.072***	0.044	0.048***
	（−4.16）	−1.55	（10.34）
NATION	0.001	0.017***	−0.026**
	−0.5	−3.91	（−7.14）
Controls	控制	控制	控制
YEAR	控制	控制	控制
IND	控制	控制	控制
调整 R^2	0.292 6	0.291 8	0.483 7
样本量	14 173	12 359	8 356

***、**分别表示在1%、5%的水平上统计显著（双尾检验）；括号中的数据为 t 值

| 第 8 章 |

会计信息质量比较研究结论及其对会计监管的启示

8.1 "一带一路"共建国家会计信息质量比较研究结论

本书在全面梳理会计监管国际合作历史、经验及回顾"一带一路"共建国家执行 IFRS 情况与执行质量、经济后果等基础上，主要是从"一带一路"共建国家是否完全执行 IFRS 对会计信息质量的影响，比较共建国家的会计信息质量差异，从而为"一带一路"共建国家未来如果到中国发行债券或发行股票等证券产品进行融资，需要遵循什么样的会计准则提供实证证据；同时，本书也可以为"一带一路"会计监管合作的中国策略提供经验证据，响应中国与新西兰、俄罗斯、巴基斯坦、沙特阿拉伯、蒙古国、越南、老挝、尼泊尔和叙利亚等 9 个国家在 2019 年 4 月 25 日发布的《"一带一路"国家关于加强会计准则合作的倡议》和中国财政部会计司在 2022 年 11 月发布的《会计改革与发展"十四五"规划纲要》对会计理论研究者的倡议。

在实证研究过程中，本书以"一带一路"共建国家是否完全执行或全面趋同 IFRS 为切入点，探讨对"一带一路"共建国家会计信息可比性和盈余质量的影响，从而初步判断"一带一路"共建国家执行 IFRS 的质量如何，并且以中国为主体，进一步探究中国与"一带一路"共建其他国家的会计信息质量差异。主要研究结论如下。

第一，在与 IFRS 的趋同方面，"一带一路"共建国家大部分已经执行与 IFRS 完全一致的会计准则，或已经与 IFRS 实现了实质趋同。但是，有部分国家仍未执行与 IFRS 趋同的会计准则；也有部分国家即使已经执行了 IFRS，但本国资本市场非常不发达。因此，"一带一路"共建国家的会计信息质量仍然存在着差异。需要特别注意的是，与"一带一路"共建国家的经济往来，并不局限于上市公司和大型企业，大量中小企业的参与会影响这些国家的会计信息质量。

第二，从"G4+1"会计合作机制、欧盟会计协调机制，到我国参加的中日韩三国会计准则制定机构、亚洲-大洋洲会计准则制定机构组等国际上曾经存在过的、目前仍在运作的国际会计合作机制，其合作机制、工作方式对"一带一路"

会计监管合作机制的建立有启发价值。但是，也应该注意到，这些合作机制的运作成功与否，与这些合作机制的参与国家的经济发展水平是否相当、与会计审计相关的法律制度是否协调、与金融监管体系是否协调等都密切相关。考虑到"一带一路"共建国家的经济社会发展水平、法律制度、金融市场发达程度及金融监管体系等存在的差异，要建立涵盖所有相关国家的类似于"G4+1"会计合作机制、欧盟会计协调机制、中日韩三国会计准则制定机构、亚洲–大洋洲会计准则制定机构组的会计监管机制，既没有必要也不现实。"一带一路"共建国家的会计监管合作机制，应该寻求双边和多边相结合的合作机制，并将会计监管与审计监管合作统筹考虑。

第三，通过对"一带一路"共建国家中 18 个国家的样本进行实证检验，我们发现，完全执行或全面趋同 IFRS 可以增强各国的会计信息国际可比性和盈余质量；对于非发达国家来说，完全执行或全面趋同 IFRS 有利于提高其会计信息国际可比性和盈余质量；由四大会计师事务所审计的上市公司相比由非四大会计师事务所审计的上市公司来说，其会计信息国际可比性和盈余质量更好。在进一步研究中，以中国为主体的研究结论表明，中国的会计信息国际可比性和盈余质量都高于未完全执行 IFRS 的国家。在与发达国家的比较中，中国的会计信息国际可比性和盈余质量更差，但是盈余质量的结论未通过显著性检验。但是，在与其他新兴市场国家的比较中，中国的会计信息国际可比性和盈余质量都要更高。通过本书的研究，可以对"一带一路"共建国家执行 IFRS 的效果提供一个初步的实证经验证据。

8.2 "一带一路"共建国家会计监管启示政策

首先，要促进"一带一路"共建国家金融市场相互开放和互联互通、发展本币债券和股票市场，就需要促进活跃于这些市场的上市公司、大中型企业、中小微企业的会计信息成为可以相互沟通和相互认同的国际商业语言。特别是，如果"一带一路"共建国家中的某个国家要到另一国家发行债券或发行股票进行融资，其提供的会计信息需要依据哪种会计准则呢？

目前国际上在他国上市的通行做法主要有以下几种。第一，必须强制执行 IFRS，如意大利、葡萄牙、希腊等欧盟国家，还有新西兰等；第二，允许执行 IFRS，如日本、美国、韩国等；第三，允许在 IFRS 或美国通用会计准则之间进行选择，如美国；第四，允许在 IFRS、美国通用会计准则和上市所在国家会计准则之间进行选择，如新加坡、韩国等；第五，部分国家，在该国相关部门许可的前提下，可以允许来该国或地区上市的非本国或本地区公司采用自己所在国家的准则，如加拿大规定在加拿大上市的美国公司，如果也同时在美国上市，则可以直接采用美国通用会计准则提供会计信息；第六，允许执行与该国等效的会计准则，如欧盟、日本和瑞典。

那么，以我国为例，如果"一带一路"共建国家需要到我国发行债券或股票进行融资，借鉴国际通行做法，我们也可能需要在以下方案中进行权衡：①要求执行 IFRS；②允许在 IFRS 和我国会计准则之间进行选择；③允许在 IFRS、美国通用会计准则和我国会计准则之间进行选择；④允许融资主体采用自己所在国家的会计准则。因此本书从 IFRS 对"一带一路"共建国家会计信息质量的影响出发，探讨相关国家执行 IFRS 的质量如何，进一步以我国为主体，比较我国与相关国家会计信息质量的差异，从而为会计监管提供一定的经验证据。

根据会计信息质量差异，在"一带一路"共建国家多边的会计监管合作中，需要结合这些国家会计信息质量差异，选择合适的会计监管合作模式。在我国与他国的双边会计监管合作中，需要重点结合我国与对应国家会计信息质量差异，选择合适的会计监管合作模式。

具体而言，根据对"一带一路"共建国家中 18 个国家的全样本进行回归的结果，完全执行或全面趋同 IFRS 的国家，其会计信息国际可比性和盈余质量都比未完全执行 IFRS 的国家更好。那么，未来在"一带一路"共建国家多边的会计监管中，监管机构可以考虑认可完全执行或全面趋同 IFRS 的国家的财务报表，不需要按照本国的会计准则编制差异调节表，降低多边金融市场互通的成本，但由于"一带一路"共建国家的发达程度不一，因此还是要进一步地分析。对于发达经济体，其完全执行 IFRS，并且其会计信息国际可比性和盈余质量都很高，那么未来这些国家的公司去相关国家上市，可以直接采用本国报表，相应的国家可以认同其报表的质量。对非发达国家样本的回归结果同样表明，完全执行或全面趋同 IFRS 的国家的会计信息国际可比性和盈余质量都比未完全执行 IFRS 的国家更好，并且由四大会计师事务所审计的上市公司的会计信息质量比非四大会计师事务所审计的上市公司更好，由此可以看出，虽然 IFRS 的执行有利于提升非发达国家的会计信息质量，但是每个国家的执行质量还是有所区别。因此，对于非发达经济体，监管机构可以考虑如果其信息质量与对方国家相当，那么彼此可以相互协商，考虑会计准则互相认可机制。对于那些会计信息质量差的国家的上市公司，如果要去其他国家上市融资，应该要接受当地事务所或四大会计师事务所的审计，编制差异调节表。

以中国为主体，本书的研究结果表明，向 IFRS 全面趋同的中国的会计信息质量优于未完全执行 IFRS 的国家，那么，未来当中国的资本市场进一步开放时，这些国家到中国进行上市融资时，监管机构可以考虑要求其完全按照 IFRS 的要求重新编制报表，或者是按照我国的会计准则编制差异调节表，并且接受我国的审计或者四大会计师事务所的审计。而在中国与发达国家的样本研究中，结果表明，中国的会计信息质量较差，那么，对于完全执行 IFRS 并且执行质量较高的这些发达国家，监管机构可以考虑直接认可这些国家的财务报表。比如，在上述回归结果中，韩国的会计信息质量优于中国，那么，未来在韩国与中国进行双边合作协商中，中国可以考虑直接认可韩国上市公司的财务报表。中国与其他新兴市场国家的样本研究结果表明，中国的会计信息质量明显更好，那么，未来在与这些国家的双边合作协商中，可以要求这些国家按照中国的会计准则来编制报表，接受我国的审计或者四大会计师事务所的审计。

其次，基于"五通发展"的进展，要厘清"一带一路"共建国家会计监管状况差异、成因，必须梳理与研究以下五个方面的问题：①各国或各地区会计监管的状况差异。在财务会计审计规则、会计审计行业管理体系等方面可能存在诸多差异，会计准则与 IFRS 的趋同程度和趋同质量、与我国会计准则的可比性程度等也可能具有差异。②各国或地区经济发展、资本市场发展水平、政治法律环境、监管水平、文化传统等现实差异，必将使得会计监管的土壤环境存在显著差异。③分析各国土壤环境如何塑造了各国现有的会计审计监管特征，对未来会计监管合作可能产生哪些积极和不利影响。④IFRS 国际协调、趋同过程中存在的利益冲突及解决办法，对解决"一带一路"会计监管合作阻力的借鉴意义。⑤各国或地区在"一带一路"建设中的合作主体、合作方式、合作深度等存在差异，对会计监管合作诉求不一。不同规模、不同类型的会计主体，对会计监管合作的诉求并不一致。在合作主体方面，有些会计监管合作可能是双边的，有些可能是多边的；在合作内容方面，有些可能涵盖整个会计准则体系及审计准则体系，有些可能仅涉及某些具体准则、报表的某些具体项目、某些成本核算方法等。

最后，进一步探究实现"一带一路"会计监管的合作机制，主要体现在以下四个方面：①会计准则制定机构层面的合作机制。对适用于上市公司、大中型非上市企业、中小微企业等不同层面的会计准则的建设，探讨双边或多边合作机制。准则建设的双边或多边合作机制，应该根据相关国家经济活动交往的参与主体、经济活动类型等的差异，进行有针对性的安排，可能涉及双边或多边会计准则体系的趋同或协调，也可能涉及某些具体会计准则、具体报表项目、具体成本核算办法的趋同或协调。②审计监管层面的合作机制。会计准则建设层面的双边或多边合作机制，可以为生成会计信息提供制度规范；同时，会计主体是否按照会计准则要求提供高质量的会计信息，则还必须通过注册会计师的鉴证。因此，实现会计监管目标的合作机制，还必须包括审计监管层面的合作机制。③准则执行协调机制的建立与运行。会计信息生成过程及审计执行过程中，可能会产生一些在准则制定过程中尚未发现的新问题，也可能存在一些尚未涵盖的老问题，因此，在会计监管的双边或多边合作机制中，需要探讨如何建立准则执行协调机制、如何确保协调机制得到有效运作。④民间会计教育、人才培养等方面的合作机制。

由于"一带一路"共建国家的经济社会发展水平差异较大，语系也较多，需要通过民间会计教育、人才培养等方面的合作机制，培养会计、审计人才，准确把握相关国家的财经法规，为实现上述三种合作机制提供人才基础。

事实上，财政部近几年来已经为"一带一路"会计监管合作做了很多有益工作。2017年5月，财政部决定同意在厦门国家会计学院设立"一带一路"财经发展研究中心，展开相关领域的前瞻性研究，进行专业化培训，并举办国际化论坛等，服务于"一带一路"倡议。截至2023年7月，厦门国家会计学院已经成功举办五届"一带一路"国家会计准则合作论坛，有力加强了相关国家会计准则制定机构、理论工作者和实务人士在各个层面的交流与沟通，是对"一带一路"国家会计准则合作机制发展的有力助推，论坛的参与国家也比较广泛，如第五届论坛就得到了来自中国、柬埔寨、老挝、蒙古国、尼泊尔、巴基斯坦、俄罗斯、沙特阿拉伯、越南等9个国家会计准则制定机构的支持。

但是，应该说，这些努力对于实现本书中提到的三种合作机制（会计准则制定机构层面的合作机制、审计监管层面的合作机制、准则执行协调机制）还是不够的。

8.3 研究的局限性与展望

本书研究局限性体现在以下几个方面。首先，由于数据的可获得性和完整度限制，在研究会计信息可比性时使用17个国家的数据，在研究盈余质量时使用18个国家的数据，这可能会对样本代表性产生影响。其次，实证研究部分不够细化，没有控制国家层面上的一些差异，如公司治理差异，研究结果有一定的局限性。尚未考察会计信息质量差异产生了哪些经济后果，这将在后续研究中进一步深化。

未来关于"一带一路"共建国家会计信息质量的研究还可以从以下几方面进行研究：①随着"一带一路"政策的进一步发展，未来还会有更多的国家加入，样本量的选取可以再多一部分国家，从而更加全面地进行分析；②可以从经济后果角度研究对"一带一路"共建国家会计信息质量的影响；③结合更多的公司治理因素，研究"一带一路"共建国家会计信息及其对经济后果的影响。

参 考 文 献

蔡春, 李明, 和辉. 2013. 约束条件、IPO 盈余管理方式与公司业绩: 基于应计盈余管理与真实盈余管理的研究[J]. 会计研究, (10): 35-42, 96.

曹越, 曾丹, 孙丽, 等. 2021. "一带一路"倡议实施与企业现金持有水平[J]. 审计与经济研究, 36(3): 65-76.

陈明宝, 陈平. 2015. 国际公共产品供给视角下"一带一路"的合作机制构建[J]. 广东社会科学, (5): 5-15.

戴翔, 宋婕. 2021. "一带一路"倡议的全球价值链优化效应: 基于沿线参与国全球价值链分工地位提升的视角[J]. 中国工业经济, (6): 99-117.

董必荣. 2004. 欧盟与 IASC、IASB 的合作历程及其动机剖析[J]. 财务与会计, (2): 68-70.

杜兴强, 周泽将. 2010. 高管变更、继任来源与盈余管理[J]. 当代经济科学, 32(1): 23-33, 125.

方红星, 金玉娜. 2011. 高质量内部控制能抑制盈余管理吗?——基于自愿性内部控制鉴证报告的经验研究[J]. 会计研究, (8): 53-60, 96.

方慧, 赵甜. 2017. 中国企业对"一带一路"国家国际化经营方式研究: 基于国家距离视角的考察[J]. 管理世界, (7): 17-23.

冯淑萍. 2002. 关于中国会计国际协调问题的思考: 在中国会计学会第六次全国会员代表大会暨理论研讨会上的发言[J]. 会计研究, (11): 8-13, 65.

冯淑萍. 2004. 中国对于国际会计协调的基本态度与所面临的问题[J]. 会计研究, (1): 3-8, 96.

高利芳, 盛明泉. 2012. 证监会处罚对公司盈余管理的影响后果及机制研究[J]. 财贸研究, 23(1): 134-141.

管震达. 2018. 欧盟与国际会计准则理事会的会计协调与趋同工作回顾[J]. 中国管理信息化, 21(3): 10-13.

胡成. 2011. 论会计准则弹性的优化[J]. 天津商业大学学报, 31(1): 38-42.

蒋峻松, 孔春丽, 罗珊, 等. 2021. "一带一路"倡议下中国企业会计服务需求调查研究[J]. 会计之友, (18): 132-139.

李红霞. 2008. 公允价值计量问题的国际进展及其在中国应用的思考[J]. 会计研究, (10): 18-24, 96.

李文, 周尚仔. 2020-12-17. 资本市场三十而立 证券业朝专业化、国际化、科技化方向高质量发展[N]. 证券日报, (A03).

李向阳. 2015. 构建"一带一路"需要优先处理的关系[J]. 国际经济评论, (1): 5, 54-63.
李雪平. 2017. "一带一路"的合作机制：法律缺陷、复杂挑战与应对策略[J]. 理论月刊, (1): 5-9.
林毅夫. 2018. 中华民族伟大复兴和"一带一路"倡议[J]. 上海对外经贸大学学报, 25(6): 5-9.
林智章. 2019. 高管薪酬契约、债务契约与盈余管理[J]. 长春师范大学学报, 38(8): 184-192.
刘新民, 张莹, 王垒. 2014. 创始高管团队薪酬激励对真实盈余管理的影响研究[J]. 审计与经济研究, 29(4): 61-70.
刘玉廷. 2007. 中国企业会计准则体系：架构、趋同与等效[J]. 财务与会计, (9): 4-7.
刘源. 2017. "一带一路"沿线国家的金融监管架构：国际比较与经验借鉴[J]. 沈阳工业大学学报(社会科学版), 10(3): 210-220.
卢盛峰, 董如玉, 叶初升. 2021. "一带一路"倡议促进了中国高质量出口吗？来自微观企业的证据[J]. 中国工业经济, (3): 80-98.
陆建桥. 1999. 中国亏损上市公司盈余管理实证研究[J]. 会计研究, (9): 25-35.
孟越, 丛培丽, 赵培羽. 2011. 基于盈余分布密度检验的亏损上市公司盈余管理行为分析[J]. 经济与管理研究, (2): 117-122.
潘琰, 陈凌云, 林丽花. 2003. 会计准则的信息含量：中国会计准则与 IFRS 之比较[J]. 会计研究, (7): 7-15, 65.
齐萌. 2015. "一带一路"视角下的伊斯兰金融监管制度研究[J]. 上海财经大学学报, 17(5): 106-113.
商思争, 宣昌勇. 2017. "一带一路"审计：一个信任视角的理论框架[J]. 审计与经济研究, 32(3): 14-23.
苏冬蔚, 林大庞. 2010. 股权激励、盈余管理与公司治理[J]. 经济研究, 45(11): 88-100.
孙焱林, 覃飞. 2018. "一带一路"倡议降低了企业对外直接投资风险吗?[J]. 国际贸易问题, (8): 66-79.
田高良, 陈虎, 张睿, 等. 2020. "一带一路"沿线国家企业会计准则与国际财务报告准则、中国企业会计准则的比较研究[J]. 会计研究, (10): 13-30.
王桂军, 卢潇潇. 2019. "一带一路"倡议与中国企业升级[J]. 中国工业经济, (3): 43-61.
王建新. 2005. 我国会计准则国际化协调进程及其效果研究——基于沪深AB股的经验证据[J]. 会计研究, (6): 52-57, 96.
王克敏, 王志超. 2007. 高管控制权、报酬与盈余管理——基于中国上市公司的实证研究[J]. 管理世界, (7): 111-119.
魏明海. 2003. 会计协调的测定方法[J]. 中国注册会计师, (4): 3, 20-24.
吴革. 2006. 国际会计制度的隐性成本与中国的策略[J]. 金融会计, (5): 1, 7-9, 13.
吴革, 张新民. 2006. 集体行动逻辑下的欧洲会计协调研究[J]. 国际贸易问题, (10): 124-128.

吴联生，薄仙慧，王亚平. 2007. 避免亏损的盈余管理程度：上市公司与非上市公司的比较[J]. 会计研究, (2): 44-51, 91.

吴清. 2016. 上海证券交易所研究报告（上卷）[M]. 上海: 人民出版社.

谢柳芳，朱荣，何苦. 2013. 退市制度对创业板上市公司盈余管理行为的影响？基于应计与真实盈余管理的分析[J]. 审计研究, 171(1): 95-102.

谢盛纹，刘杨晖. 2016. 审计师变更、前任审计师任期和会计信息可比性[J]. 审计研究, (2): 82-89.

杨宝，陈苏，年洁. 2021. "一带一路"背景下财会人才培养路径优化探讨[J]. 财会通讯, (21): 159-162, 167.

杨敏，陆建桥，徐华新. 2011. 当前国际会计趋同形势和我国企业会计准则国际趋同的策略选择[J]. 会计研究, (10): 9-15, 96.

杨顺华，杨海濒，米勒 W. 2004. 欧盟会计国际化进程与启示[J]. 财经理论与实践, (6): 63-66.

杨钰，曲晓辉. 2008. 中国会计准则与国际财务报告准则趋同程度：资产计价准则的经验检验[J]. 中国会计评论, 6(4): 369-384.

易阳，戴丹苗，彭维瀚. 2017. 会计准则趋同、制度环境与财务报告可比性：基于A股与H股、港股比较的经验证据[J]. 会计研究, (7): 26-32, 96.

袁振超，韦小泉. 2018. 会计信息可比性、审计师行业专长与审计时滞[J]. 会计与经济研究, 32(1): 72-88.

袁知柱，张小曼，于雪航. 2017. 产品市场竞争与会计信息可比性[J]. 管理评论, 29(10): 234-247.

曾峻，伍中信. 2016. 会计准则国际趋同提升了资本市场效率吗？来自"一带一路"亚洲地区主要资本市场的经验证据[J]. 湖南大学学报（社会科学版）, 30(1): 89-95.

曾峻，伍中信，陈共荣. 2018. IFRS、会计信息国际可比性与上市公司的资本配置效率[J]. 会计研究, (12): 19-25.

张倩，刘斌，杨茵. 2016. 准则弹性、盈余管理与市场反应：基于商誉减值准备计提的经验证据[J]. 华东经济管理, 30(6): 166-172.

张铁铸，周红. 2010. 欧盟会计标准的国际趋同效果研究[J]. 审计与经济研究, 25(5): 69-76.

张婷婷，李延喜，曾伟强. 2018. 媒体关注下上市公司盈余管理行为的差异研究：一种治理盈余管理的新途径[J]. 管理评论, 30(2): 25-41.

张永杰，潘临. 2018. 客户集中度、公司治理水平与会计信息可比性[J]. 山西财经大学学报, 40(11): 110-124.

张宗益，黄新建. 2003. 我国上市公司首次公开发行股票中的盈余管理实证研究[J]. 中国软科学, (10): 37-39.

周守华，刘国强. 2017. 2017, 会计与治国理政同行:《会计研究》新年献辞[J]. 会计研究, (1): 3-4.

参考文献

周夏飞, 魏炜. 2015. 非经常性损益披露监管与归类变更盈余管理：来自中国上市公司的证据[J]. 浙江大学学报(人文社会科学版), 45(5): 119-132.

竺彩华. 2017. "一带一路"引领全球化再平衡进程[J]. 和平与发展, (5): 69-85, 121-122, 124-134.

Aharony J, Lee J, Wong T J. 2000. Financial packaging of IPO firms in China[J]. Journal of Accounting Research, 38(1): 103-126.

Ahmed A S, Neel M, Wang D C. 2013. Does mandatory adoption of IFRS improve accounting quality? Preliminary evidence[J]. Contemporary Accounting Research, 30(4): 1344-1372.

Alon A. 2013. Complexity and dual institutionality: the case of IFRS adoption in Russia[J]. Corporate Governance: An International Review, 21(1): 42-57.

Ames D. 2013. IFRS adoption and accounting quality: the case of South Africa[J]. Journal of Applied Economics and Business Research, 3(3): 154-165.

Anggraeni M D, Wardhani R. 2017. The effect of leverage and IFRS convergence on earnings management through real activities manipulation in Asia[J]. Asian Journal of Business and Accounting, 10(1): 87-125.

Armstrong C S, Barth M E, Jagolinzer A D, et al. 2010. Market reaction to the adoption of IFRS in Europe[J]. The Accounting Review, 85(1): 31-61.

Atmaca M, Çelenk H. 2011. Uluslararası muhasebe ve finansal raporlama standartlarının finansal analize etkilerinin regresyon analizi ile ölçülmesine yönelik bir araştırma[J]. Muhasebe ve Finansman Dergisi, (49): 113-125.

Bae K H, Tan H P, Welker M. 2008. International GAAP differences: the impact on foreign analysts[J]. The Accounting Review, 83(3): 593-628.

Bagaeva A. 2008. An examination of the effect of international investors on accounting information quality in Russia[J]. Advances in Accounting, 24(2): 157-161.

Ball R. 2006. International Financial Reporting Standards (IFRS): pros and cons for investors[J]. Accounting and Business Research, 36: 5-27.

Ball R, Kothari S P, Robin A. 2000. The effect of international institutional factors on properties of accounting earnings[J]. Journal of Accounting and Economics, 29(1): 1-51.

Ball R, Li X, Shivakumar L. 2015. Contractibility and transparency of financial statement information prepared under IFRS: evidence from debt contracts around IFRS adoption[J]. Journal of Accounting Research, 53(5): 915-963.

Ball R, Robin A, Wu J S. 2003. Incentives versus standards: properties of accounting income in four East Asian countries[J]. Journal of Accounting and Economics, 36(1/2/3): 235-270.

Balsam S, Krishnan J, Yang J S. 2003. Auditor industry specialization and earnings quality[J]. Auditing: A Journal of Practice & Theory, 22(2): 71-97.

Balsari C K, Ozkan S, Durak G. 2010. Earnings conservatism in pre- and post- IFRS periods in

Turkey: panel data evidence on the firm specific factors[J]. Accounting & Management Information Systems/Contabilitate si Informatica de Gestiune, 9(3): 403-421.

Barth M E, Landsman W R, Lang M H. 2008. International accounting standards and accounting quality[J]. Journal of Accounting Research, 46(3): 467-498.

Barth M E, Landsman W R, Lang M, et al. 2012. Are IFRS-based and US GAAP-based accounting amounts comparable?[J]. Journal of Accounting and Economics, 54(1): 68-93.

Benyasrisawat P. 2011. Earnings persistence, value relevance, and earnings timeliness: the case of Thailand[D]. Durham: Durham University.

Beuselinck C, Joos P, Khurana I K, et al. 2010. Mandatory Adoption of IFRS and Analysts' Forecasts Information Properties[M]. Tilburg: Center for Economic Research.

Burgstahler D, Dichev I. 1997. Earnings management to avoid earnings decreases and losses[J]. Journal of Accounting and Economics, 24(1): 99-126.

Cairns D. 1997. The future shape of harmonization: a reply[J]. European Accounting Review, 6(2): 305-348.

Callao S, Jarne J I. 2010. Have IFRS affected earnings management in the European Union?[J]. Accounting in Europe, 7(2): 159-189.

Cang Y T, Chu Y Y, Lin T W. 2014. An exploratory study of earnings management detectability, analyst coverage and the impact of IFRS adoption: evidence from China[J]. Journal of Accounting and Public Policy, 33(4): 356-371.

Carsberg B V. 1966. The contribution of P.D. Leake to the theory of goodwill valuation[J]. Journal of Accounting Research, 4(1): 1-15.

Cascino S, Gassen J. 2015. What drives the comparability effect of mandatory IFRS adoption?[J]. Review of Accounting Studies, 20(1): 242-282.

Cha S M, Moon B Y, Kang I J. 2014. The Effect of K-IFRS on earnings management in financial reporting[J]. Accounting Information Review, 32(3): 223-250.

Chen J J, Cheng P. 2007. Corporate governance and the harmonisation of Chinese accounting practices with IFRS practices[J]. Corporate Governance: An International Review, 15(2): 284-293.

Chen J J, Zhang H T. 2010. The impact of regulatory enforcement and audit upon IFRS compliance–evidence from China[J]. European Accounting Review, 19(4): 665-692.

Chen Y, Rezaee Z. 2012. The role of corporate governance in convergence with IFRS: evidence from China[J]. International Journal of Accounting and Information Management, 20(2): 171-188.

Cheng C S A, Lin P, Zhang J, et al. 2019. IFRS convergence and stock market impact: evidence from the 2007 China reform[J]. Journal of Accounting and Finance, 19(9): 30-45.

Cheon Y S, Ha S H. 2011. Disclosure and classification of operating income by firms that early adopt K-IFRS[J]. Korean Accounting Journal, 20(2): 239-275.

Cho K, Kwon K M, Yi H, et al. 2015. The effect of International Financial Reporting Standards adoption on the relation between earnings quality and information asymmetry in Korea[J]. Emerging Markets Finance and Trade, 51(sup3): 95-117.

Christensen H B, Hail L, Leuz C. 2013. Mandatory IFRS reporting and changes in enforcement[J]. Journal of Accounting and Economics, 56(2/3): 147-177.

Chung R, Firth M, Kim J B. 2002. Institutional monitoring and opportunistic earnings management[J]. Journal of Corporate Finance, 8(1): 29-48.

Clarkson P, Hanna J D, Richardson G D, et al. 2011. The impact of IFRS adoption on the value relevance of book value and earnings[J]. Journal of Contemporary Accounting & Economics, 7(1): 1-17.

Cohen D A, Dey A, Lys T Z. 2008. Real and accrual-based earnings management in the pre- and post- Sarbanes Oxley periods[J]. The Accounting Review, 83(3): 757-787.

Covrig V M, DeFond M L, Hung M Y. 2007. Home bias, foreign mutual fund holdings, and the voluntary adoption of international accounting standards[J]. Journal of Accounting Research, 45(1): 41-70.

Dargenidou C, McLeay S, Raonic I. 2006. Expected earnings growth and the cost of capital: an analysis of accounting regime change in the European financial market[J]. Abacus, 42(3/4): 388-414.

Daske H, Hail L, Leuz C, et al. 2008. Mandatory IFRS reporting around the world: early evidence on the economic consequences[J]. Journal of Accounting Research, 46(5): 1085-1142.

de Franco G, Kothari S P, Verdi R S. 2011. The benefits of financial statement comparability[J]. Journal of Accounting Research, 49(4): 895-931.

de George E T, Li X, Shivakumar L. 2016. A review of the IFRS adoption literature[J]. Review of Accounting Studies, 21(3): 898-1004.

DeAngelo L E. 1986. Accounting numbers as market valuation substitutes: a study of management buyouts of public stockholders[J]. The Accounting Review, 61(3): 400-420.

Dechow P M, Sloan R G. 1991. Executive incentives and the horizon problem: an empirical investigation[J]. Journal of Accounting and Economics, 14(1): 51-89.

Dechow P M, Sloan R G, Sweeney A P. 1995. Detecting earnings management[J]. The Accounting Review, 70(2): 193-225.

DeFond M L, Hu X S, Hung M Y, et al. 2011. The impact of mandatory IFRS adoption on foreign mutual fund ownership: the role of comparability[J]. Journal of Accounting and Economics, 51(3): 240-258.

DeFond M L, Jiambalvo J. 1993. Factors related to auditor-client disagreements over income-increasing accounting methods[J]. Contemporary Accounting Research, 9(2): 415-431.

Degeorge F, Patel J, Zeckhauser R. 1999. Earnings management to exceed thresholds[J]. The Journal of Business, 72(1): 1-33.

Devalle A, Busso D, Rizzato F. 2011. Fair value or no fair value? An empirical evidence from European stock exchanges of the use of fair value as subsequent measurement under IFRS[C]//EBES 2011 CONFERENCE. Istanbul: Sazak Ofset, 96-97.

Ding Y, Su X J. 2008. Implementation of IFRS in a regulated market[J]. Journal of Accounting and Public Policy, 27(6): 474-479.

Edeigba J, Amenkhienan F. 2017. The influence of IFRS adoption on corporate transparency and accountability: evidence from New Zealand[J]. Australasian Accounting, Business and Finance Journal, 11(3): 3-19.

Feltham G A, Ohlson J A. 1995. Valuation and clean surplus accounting for operating and financial activities[J]. Contemporary Accounting Research, 11(2): 689-731.

Florou A, Kosi U. 2015. Does mandatory IFRS adoption facilitate debt financing?[J]. Review of Accounting Studies, 20(4): 1407-1456.

Fontes A, Rodrigues L L, Craig R. 2005. Measuring convergence of National Accounting Standards with International Financial Reporting Standards[J]. Accounting Forum, 29(4): 415-436.

Francis J R, Pinnuck M L, Watanabe O. 2014. Auditor style and financial statement comparability[J]. The Accounting Review, 89(2): 605-633.

Francis J R, Wang D C. 2008. The joint effect of investor protection and Big 4 audits on earnings quality around the world[J]. Contemporary Accounting Research, 25(1): 157-191.

Fuad F, Juliarto A, Harto P. 2019. Does IFRS convergence really increase accounting qualities? Emerging market evidence[J]. Journal of Economics, Finance and Administrative Science, 24(48): 205-220.

Gornik-Tomaszewski S, Jermakowicz E K. 2010. Adopting IFRS: guidance for U.S. entities under IFRS 1[J]. The CPA Journal, 80(3): 13-18.

Graham J R, Harvey C R, Rajgopal S. 2005. The economic implications of corporate financial reporting[J]. Journal of Accounting and Economics, 40(1/2/3): 3-73.

Gray S J, Kang T, Lin Z W, et al. 2015. Earnings management in Europe post IFRS: do cultural influences persist?[J]. Management International Review, 55(6): 827-856.

Guidry F, Leone A J, Rock S. 1999. Earnings-based bonus plans and earnings management by business-unit managers[J]. Journal of Accounting and Economics, 26(1/2/3): 113-142.

Ha S Y, Choi J S, Baek J H. 2013. The effects of IFRS adoption on accounting quality: early evidence in Korea[J]. Korea International Accounting Review, (52): 51-76.

Hail L, Leuz C, Wysocki P D. 2010. Global accounting convergence and the potential adoption of IFRS by the U.S. (part I): conceptual underpinnings and economic analysis[J]. Accounting Horizons, 24(3): 355-394.

Haller A, Wehrfritz M. 2013. The impact of national GAAP and accounting traditions on IFRS policy selection: evidence from Germany and the UK[J]. Journal of International Accounting, Auditing and Taxation, 22(1): 39-56.

Han S, Kang T, Salter S, et al. 2010. A cross-country study on the effects of national culture on earnings management[J]. Journal of International Business Studies, 41(1): 123-141.

Hanefah H M M, Singh J. 2012. Convergence towards IFRS in Malaysia: issues, challenges and opportunities[J]. International Journal of Business, Economics and Law, 1: 85-91.

Hasnan S, Rahman R A, Mahenthiran S. 2013. Management motive, weak governance, earnings management, and fraudulent financial reporting: Malaysian evidence[J]. Journal of International Accounting Research, 12(1): 1-27.

He X J, Wong T J, Young D Q. 2012. Challenges for implementation of fair value accounting in emerging markets: evidence from China[J]. Contemporary Accounting Research, 29(2): 538-562.

Healy P M. 1985. The effect of bonus schemes on accounting decisions[J]. Journal of Accounting and Economics, 7(1/2/3): 85-107.

Healy P M, Wahlen J M. 1999. A review of the earnings management literature and its implications for standard setting[J]. Accounting Horizons, 13(4): 365-383.

Hla D T, bin Md Isa A H. 2017. Globalisation of financial reporting standard of listed companies in ASEAN two: Malaysia and Singapore[J]. International Journal of Business and Society, 16(1): 95-106.

Holthausen R W, Larcker D F, Sloan R G. 1995. Business unit innovation and the structure of executive compensation[J]. Journal of Accounting and Economics, 19(2/3): 279-313.

Hong Y T, Andersen M L. 2011. The relationship between corporate social responsibility and earnings management: an exploratory study[J]. Journal of Business Ethics, 104(4): 461-471.

Hope O K, Jin J, Kang T. 2006. Empirical evidence on jurisdictions that adopt IFRS[J]. Journal of International Accounting Research, 5(2): 1-20.

Horton J, Serafeim G, Serafeim I. 2013. Does mandatory IFRS adoption improve the information environment?[J]. Contemporary Accounting Research, 30(1): 388-423.

Hou Q C, Jin Q L, Wang L F. 2014. Mandatory IFRS adoption and executive compensation: evidence from China[J]. China Journal of Accounting Research, 7(1): 9-29.

Houqe M N, Monem R M. 2016. IFRS adoption, extent of disclosure, and perceived corruption: a cross-country study[J]. The International Journal of Accounting, 51(3): 363-378.

Houqe M N, Monem R M, van Zijl T. 2016. The economic consequences of IFRS adoption: evidence from New Zealand[J]. Journal of International Accounting, Auditing and Taxation, 27: 40-48.

Iatridis G, Rouvolis S. 2010. The post-adoption effects of the implementation of International Financial Reporting Standards in Greece[J]. Journal of International Accounting, Auditing and Taxation, 19(1): 55-65.

Jeanjean T, Stolowy H. 2008. Do accounting standards matter? An exploratory analysis of earnings management before and after IFRS adoption[J]. Journal of Accounting and Public Policy, 27(6): 480-494.

Jones J J. 1991. Earnings management during import relief investigations[J]. Journal of Accounting Research, 29(2): 193-228.

Joshi M, Yapa P W S, Kraal D. 2016. IFRS adoption in ASEAN countries: perceptions of professional accountants from Singapore, Malaysia and Indonesia[J]. International Journal of Managerial Finance, 12(2): 211-240.

Juniarti J, Marcellina B, Angela A. 2018. Information asymmetry in the post-IFRS adoption period: evidence from developing countries[J]. GATR Accounting and Finance Review, 3(4): 114-123.

Kabir M H, Laswad F, Islam M A. 2010. Impact of IFRS in New Zealand on accounts and earnings quality[J]. Australian Accounting Review, 20(4): 343-357.

Kadri M H, Aziz R A, Ibrahim M K. 2009. Value relevance of book value and earnings: evidence from two different financial reporting regimes[J]. Journal of Financial Reporting and Accounting, 7(1): 1-16.

Kao H S. 2014. The relationships between IFRS, earnings losses threshold and earnings management[J]. Journal of Chinese Economic and Business Studies, 12(1): 81-98.

Karampinis N I, Hevas D L. 2011. Mandating IFRS in an unfavorable environment: the Greek experience[J]. The International Journal of Accounting, 46(3): 304-332.

Kim J B, Shi H N. 2012. IFRS reporting, firm-specific information flows, and institutional environments: international evidence[J]. Review of Accounting Studies, 17(3): 474-517.

Kim O. 2013. Russian accounting system: value relevance of reported information and the IFRS adoption perspective[J]. The International Journal of Accounting, 48(4): 525-547.

Kim O. 2016. The IFRS adoption reform through the lens of neoinstitutionalism: the case of the Russian Federation[J]. The International Journal of Accounting, 51(3): 345-362.

Kim S, Ryu H. 2018. The impact of mandatory IFRS adoption on capital markets: evidence from Korea[J]. International Journal of Accounting and Information Management, 26(1): 38-58.

Kim Y W, Choi Y S, Choi J H, et al. 2014. Value relevance of consolidated versus separate financial statements under IFRS regime: evidence from Korea[J]. Korean Accounting

Review, 39(1): 117-146.

Kothari S P, Leone A J, Wasley C E. 2005. Performance matched discretionary accrual measures[J]. Journal of Accounting and Economics, 39(1): 163-197.

Krishnan G V. 2003. Does big 6 auditor industry expertise constrain earnings management?[J]. Accounting Horizons, 17: 1-16.

Kwon G J. 2018. Changes in the value relevance of accounting information before and after the adoption of K-IFRS: evidence from Korea[J]. Afro-Asian Journal of Finance and Accounting, 8(1): 65-84.

Kwon S Y, Na K, Park J. 2019. The economic effects of IFRS adoption in Korea[J]. Asia-Pacific Journal of Accounting & Economics, 26(4): 321-361.

Kwong L C. 2010. The value relevance of financial reporting in Malaysia: evidence from three different financial reporting periods[J]. International Journal of Business and Accountancy, 1(1): 1-19.

Lambert R, Leuz C, Verrecchia R E. 2007. Accounting information, disclosure, and the cost of capital[J]. Journal of Accounting Research, 45(2): 385-420.

Landsman W R, Maydew E L, Thornock J R. 2012. The information content of annual earnings announcements and mandatory adoption of IFRS[J]. Journal of Accounting and Economics, 53(1/2): 34-54.

Lang M H, Maffett M G, Owens E. 2010. Earnings comovement and accounting comparability: the effects of mandatory IFRS adoption[R]. Simon School Working Paper No. FR 11-03.

Lee H Y, Kang M J, Jang G J, et al. 2012. An analysis on comparability of financial statements after IFRS adoption[J]. Korean Accounting Journal, 21(3): 307-342.

Lee K J, Jin J J, Lee B B. 2015a. Changes in the quality of accounting information with the adoption of IFRS in Korea[J]. Pan-Pacific Journal of Business Research, 6(1): 35-45.

Lee Y H, Kang S A, Cho S M. 2015b. The effect of voluntary IFRS adoption by unlisted firms on earnings quality and the cost of debt: empirical evidence from Korea[J]. Journal of Business Economics and Management, 16(5): 931-948.

Leuz C, Nanda D, Wysocki P D. 2003. Earnings management and investor protection: an international comparison[J]. Journal of Financial Economics, 69(3): 505-527.

Li S Q. 2010. Does mandatory adoption of International Financial Reporting Standards in the European Union reduce the cost of equity capital?[J]. The Accounting Review, 85(2): 607-636.

Li X. 2015. Accounting conservatism and the cost of capital: an international analysis[J]. Journal of Business Finance & Accounting, 42(5/6): 555-582.

Liao Q, Sellhorn T, Skaife H A. 2012. The cross-country comparability of IFRS earnings and book values: evidence from France and Germany[J]. Journal of International Accounting

Research, 11(1): 155-184.

Lim H, Kang S K, Kim H. 2016. Auditor quality, IFRS adoption, and stock price crash risk: Korean evidence[J]. Emerging Markets Finance and Trade, 52(9): 2100-2114.

Lim M, How J, Verhoeven P. 2014. Corporate ownership, corporate governance reform and timeliness of earnings: Malaysian evidence[J]. Journal of Contemporary Accounting & Economics, 10(1): 32-45.

Liu C H, Yao L J, Hu N, et al. 2011. The impact of IFRS on accounting quality in a regulated market: an empirical study of China[J]. Journal of Accounting, Auditing & Finance, 26(4): 659-676.

Loureiro G, Taboada A G. 2012. The impact of IFRS adoption on stock price informativeness[R]. https://efmaefm.org/0efmameetings/efma%20annual%20meetings/2012-Barcelona/papers/EFMA2012_0091_fullpaper.pdf[2022-12-08].

Marzuki M M, Wahab E A A. 2018. International financial reporting standards and conservatism in the Association of Southeast Asian Nations countries: evidence from jurisdiction corruption index[J]. Asian Review of Accounting, 26(4): 487-510.

McNichols M F. 2000. Research design issues in earnings management studies[J]. Journal of Accounting and Public Policy, 19(4/5): 313-345.

Palea V. 2007. The effects of the IAS/IFRS adoption in the European Union on the financial industry[J]. The European Union Review, 12(1/2):48.

Park H Y, Lee H Y, Kang M J. 2012. The impact of IFRS adoption on earnings management and audit hours[J]. Accounting, Tax & Auditing Research, 54(2): 529-564.

Patrick E A, Paulinus E C, Nympha A N. 2015. The influence of corporate governance on earnings management practices: a study of some selected quoted companies in Nigeria[J]. American Journal of Economics, Finance and Management, 1(5): 482-493.

Patro A, Gupta V K. 2014. Impact of International Financial Reporting Standards on cost of equity capital for Asian countries[J]. International Journal of Accounting and Financial Reporting, 4(2): 148-170.

Patro A, Gupta V K. 2016. Impact of International Financial Reporting Standards on stock price synchronicity for Asian markets[J]. Contemporary Management Research, 12(1): 61-88.

Peng S L, Bewley K. 2010. Adaptability to fair value accounting in an emerging economy: a case study of China's IFRS convergence[J]. Accounting, Auditing & Accountability Journal, 23(8): 982-1011.

Peng S L, van der Laan Smith J. 2010. Chinese GAAP and IFRS: an analysis of the convergence process[J]. Journal of International Accounting, Auditing and Taxation, 19(1): 16-34.

Ping L. 2008. China's convergence to IFRS with particular respect to its banking industry[J]. Financial Markets, Institutions & Instruments, 17(1): 43-49.

Rahman A, Perera H, Ganeshanandam S. 1996. Measurement of formal harmonisation in accounting: an exploratory study[J]. Accounting and Business Research, 26(4): 325-339.

Rosenbaum P R, Rubin D B. 1983. The central role of the propensity score in observational studies for causal effects[J]. Biometrika, 70(1): 41-55.

Roychowdhury S. 2006. Earnings management through real activities manipulation[J]. Journal of Accounting and Economics, 42(3): 335-370.

Simmons J K. 1967. A concept of comparability in financial reporting[J]. The Accounting Review, 42(4): 680-692.

Sohn B C. 2011. The effect of accounting comparability on earnings management[J]. Journal of Accounting and Public Policy, 35: 513-539.

Stent W, Bradbury M, Hooks J. 2010. IFRS in New Zealand: effects on financial statements and ratios[J]. Pacific Accounting Review, 22(2): 92-107.

Street D L, Shaughnessy K A. 1998. The quest for international accounting harmonization: a review of the standard setting agendas of the IASC, US, UK, Canada, and Australia, 1973–1997[J]. The International Journal of Accounting, 33(2): 179-209.

Suto M. 2003. Capital structure and investment behaviour of Malaysian firms in the 1990s: a study of corporate governance before the crisis[J]. Corporate Governance: An International Review, 11(1): 25-39.

Teoh S H, Welch I, Wong T J. 1998. Earnings management and the long-run market performance of initial public offerings[J]. The Journal of Finance, 53(6): 1935-1974.

Uyar A, Kılıç M, Gökçen B A. 2016. Compliance with IAS/IFRS and firm characteristics: evidence from the emerging capital market of Turkey[J]. Economic Research-Ekonomska Istraživanja, 29(1), 148-161.

van Tendeloo B, Vanstraelen A. 2005. Earnings management under German GAAP versus IFRS[J]. European Accounting Review, 14(1): 155-180.

Wang J W J, Yu W W. 2015. The information content of stock prices, legal environments, and accounting standards: international evidence[J]. European Accounting Review, 24(3): 471-493.

Wang Y, Campbell M. 2012. Corporate governance, earnings management, and IFRS: empirical evidence from Chinese domestically listed companies[J]. Advances in Accounting, 28(1): 189-192.

Wang Z M, Tan Y, Lu J, et al. 2016. Legal environments and accounting information comparability[J]. Journal of Accounting and Finance, 16(4):28-38.

Ward C L, Lowe S K. 2017. Cultural impact of International Financial Reporting Standards on the comparability of financial statements[J]. International Journal of Business, Accounting, and Finance, 11(1): 46-56.

Wu G S, Li S, Lin S. 2014. The effects of harmonization and convergence with IFRS on the timeliness of earnings reported under Chinese GAAP[J]. Journal of Contemporary Accounting & Economics, 10(2): 148-159.

Yapa P W S, Joshi M, Kraal D. 2011. The socio-economic impacts of the adoption of IFRS: a comparative study between the ASEAN countries of Singapore, Malaysia and Indonesia[J]. RMIT University, 1-26.

Yip R W Y, Young D Q. 2012. Does mandatory IFRS adoption improve information comparability?[J]. The Accounting Review, 87(5): 1767-1789.

Yuk J H, Leem W B. 2017. The effects of the International Financial Reporting Standards (IFRS) adoption on earnings quality: evidence from Korea[J]. Investment Management and Financial Innovations, 14(3): 243-250.

Yung K, Root A. 2019. Policy uncertainty and earnings management: international evidence[J]. Journal of Business Research, 100: 255-267.

Zang A Y. 2012. Evidence on the trade-off between real activities manipulation and accrual-based earnings management[J]. The Accounting Review, 87(2): 675-703.

Zeghal D, Chtourou S M, Fourati Y M. 2012. The effect of mandatory adoption of IFRS on earnings quality: evidence from the European Union[J]. Journal of International Accounting Research, 11(2): 1-25.

Zhang J. 2011. The effect of IFRS adoption on accounting conservatism - New Zealand perspective[D]. Auckland: Auckland University of Technology.

Zhang Y, Andrew J, Rudkin K. 2012. Accounting as an instrument of neoliberalisation? Exploring the adoption of fair value accounting in China[J]. Accounting, Auditing & Accountability Journal, 25(8): 1266-1289.

Zhang Y Y, Uchida K, Bu H. 2013. How do accounting standards and insiders' incentives affect earnings management? Evidence from China[J]. Emerging Markets Review, 16: 78-99.